سوه نزيشت دذا كـام

وصفات لذيذة ومسمة للهسة تجرض لوجة المعكروة ولجـن المطلقة، مع
أكثر من 100 نـ ذ وطبقة إلروضا كـ لشهوق

عطى نورة

جدول المحتويات

مقدمة

استعداد للاستمتاع بتجربة طعام مميزة ومريحة مع هذه المجموعة المكونة من أكثر من عالم الكعكرون وللجبن. من كامل من لذيذة والذيذة إبداعية وصفة إبداعية من 100 من الطبخ بكتاب تحدي، وأمكلو ودنرك وكلو المقدد الخزير حلبة لمحلة والمحملة الذوق الذوق نوع أن إلى إلى .ونجلو كاملا كل محي شيء كل على هذا هذا.

الجبن من متنوعة مجموعة نزمتة تتمة شهية وصفات تستكتشف فستكتشف ، الصفحات هذه في ذكك سوا ونتولملغن. من هاخولي متاية بيتات ختايخ إلى إلى الإضافة الإبداعة ، الكعكرون لاكشألا وأكشل خاصة بمناسبة خاصة ضر عق طبق أو عأ بسلا أ بهذه إلى الطعام في لسهو عرير عشاعن تحبثت .انه مدجده ،

بكتاب بعد ، قو م لك في في المثالية ونجلو الكعكرون لصنع النصرة المقدمة المفيدة لليحلى والحلى النصائح مع لى على لصحا الذا .جحو المي يسيالكا الطعام الطعام هذا بحد من لمن أروصو إرأما هذا الطبخ !انجلو كاملا من gooey ، ooey علام في صوغول المعتساو لكب صخاخلا ربزملا

، ةيكيسلاكا ، ةقولذلا ، ةنوركعملا ، نجلا ، جحوملا ماعطلا ، ونجلو ةنوركعملا من ةيلاخ ، ةعونتم ، ةأمكلا ، دنركلا ، دقملا ربيزخلا محل ، تافصولا ، ةيعادبإلا .. ةيلائم ، لليحو جحئاصند ، ضرع ، لليد ياعشاع ، تيابذ ، نتولملغن

الإطار مامل والجبن

1. وافل معكرونة بالجبنة

كمونات

- مكعبور وجنبة حمة رضنقلا حمة زنبجة والوصفة فيماريدي)
- 2 بيضر كبير
- رثة ملحة ولفلف أسود محطم جنون طاجّا
- 1 كوب دقيق جلميع ألغ لرض
- 1 كوب دقسمات متبل
- وعكوب جنصلب مبشور ، مثل لابلا موزنان أو كيدوينو ورومان
- دخاخ خبيط مانع للالتصاق

1 قطعة المعكرونة وجلن إلى شرائح مسمك 12 سم.
2 سخني مكوة القلاوة عل مكون فلان نعع لقأ د وجة حرلق. نخسن فلان نزعن عل مستواز متوسطة. سخني مكة الفلو عل شر حمة ولفلف.
3 في وعاء صغر، اخفي البيضة مع شو حمة ولفلف.
4 ضع 3 أوعية حضلة. قم بتقدسيا بقدايق في الولو. في الوعاء الثاني، ضع شرائح.
5 خذ شريحة من المعكرونة وجلن واسهكها بفق ب بتغطيةة بالجنبين بالدقيق. واغضط، ودهنكا اللاجنبن تفتاتا الخرزن، أخرّ. البيضة في الجنبين بالبيضة. ثم اغمس اللاكا الجنبن مع هارا وك المبّناجة شريحة جنبة. ضع لا المبقتية على الخليط حت تلتصق. قم بتغطيةة جناي كبشة حديدة الولو بذاذ غرم أصلق. توضة شريحة المعكرونة.
6 قم بتغطيةة الغطاء حتى تخسدين بالماكام وصبح جناه ونها أينب. وتغلق مكة الفلو في وجلن، لمدا 3 دقائق. اثيبها.
7 يمكن أن تكون عملية السختلاج جل بصعة. بسادتخدام ملعقة سيليكون، قم فدك المعكرونة وجلن بق في استخدم المعكلقة لرزع المعكرونة وجلن. حوف المعكرونة وجلن بملقلط. وفعها عانئة المعلقة بالسفيل خ جلا ادعم ثم لولو حفطن.
8 كر الخطوات من 5 إلى 7 حتى يتم تقليب كل المعكرونة وجلن. المعكرونة وجلن لنهائية دافئة في الفون.

2. طاجن دجيكون ماكل اندمشتزرب كيفاست

المكونات :

1 طل معكرونة كاملة عج

1 طل من محلول الخل بالخليز المقدد المفروم

1/4 كوب زبدة غير محلاة

1/4 كوب دقيق لجميع الأغراض لضر

4 أكواب حليب بكامل الدسم

2 كوب جبن شيدر مبشور

الملح والفلفل حسب الذوق

6 ضيضات كبيرة مخفوقة

1/4 كوب بصل أخضر مفروم

تعليمات

سخني الفرن إلى 375 د جوة هفة جاهزت.

طهي معكرونة كاملة عج وفقًا لتعليمات العبوة وصُفِّيها.

طهي محلول الخل بالخليز المقدد في مقلاة على نار متوسطة حتى يصبح مقرمشًا.

في قدر كبير، ذوبي الزبدة على نار متوسطة.

أضيف الدقيق واخفق حتى يصبح ناعمًا.

اخفقي بالحليب تدريجيًا وعديه يغلي مع التحتك باستمرار.

اخفني الحلا قرل وتكيرها على نار هاذئ لمدة 5 دقائق أو حتى تصبح سميكة.

ضيفي جبنة الشيدر المبروشة وقلبي حتى تذوب.

اضف الملح والفلفل للمذاق.

في وعاء كبير، اخلطي المعكرونة المطبوخة مع صلصة الجبن واخلطي جيدًا وفخوق.

ضيف محلول الخل المقدد المفروم والبصل الأخرز صرف.

اسكبي المزج في جبق خبز 9x13 بوصة مدهونة بالزيت.

اخبزيها لمدة 40-35 دقيقة، أو حتى تصبح لونها بني ذهبي وتتماسك.

3. إفطار بوريتو مكان أندت شرتن

المكونات :

1 كوب معكرونة مطبوخة
4 بيضات كبيرة
1/4 كوب حليب
الملح والفلفل حسب الذوق
1 ملعقة كبيرة زبدة غير مملحة
1/4 كوب جبن شيدر مبشور
2 تونيزلا طحن كبير

تعليمات

في وعاء صغير ، اخفتي البيض والحليب والملح والفلفل معًا.
ذوّب الزبدة في مقلاة على نار متوسطة.
يُضاف مزج البيض إلى المقلاة وطهيه مع التحريك من حين لآخر حتى يخفق البيض وتماسك.
أضيفي المعكرونة المطبوخة إلى المقلاة وقلّي حتى تمتزج.
ذر جبنة الشيدر المبشور فوق المكعرونة والبيض خليط فوق المعكرونة والبيض.
سخني الكيما في فرووف أو في صينية الخبز حتى يسخن.
يُسكب مزج البيض والمعكرونة فوق الخبز التورتيلا.
لف التورتيلا وقدّمها.

4. هاش إفطار مام أندتشرن

المكونات :

- 1 رطل من المعكرونة المطبوخة
- 1 رطل نقانق الإفطار
- 1/2 كوب بصل مقطع
- 1/2 كوب فلفل أخضر مفروم
- الملح والفلفل حسب الذوق
- 4 بيضات كبيرة مخفوقة
- 1/4 كوب جبن شيدر مبشور

تعليمات

يُطهى نقانق الإفطار في مقلاة على نار متوسطة حتى يصبح لونه بنيًا وينضج تمامًا.

يُضاف البصل والفلفل الأخضر إلى المقلاة ويُطهى حتى يصبح طريًا.

أضيفي المعكرونة المطبوخة إلى المقلاة وقلي حتى تتمزّج.

اضف الملح والفلفل للمذاق.

يُسكب البيض المخفوق فوق الخليط في المقلاة وحرّك المزج.

ورِش جبنة الشيدر المبشور فوق الخليط في المقلاة.

غطِّ المقلاة ويُطهى على نار متوسطة لمدة 5-7 دقائق ، أو حتى ينضج البيض ويذوب الجبن.

5. بيتزا طفايل رو مكال اندلتشرن.

المكونات :

1 طل من المعكرون المطبوخة
1/2 كوب صلصة بيتزا
1/4 كوب جبن موزاريلا مبشور
1/4 كوب جبن شيدر مبشور
4 ديضات كبيرة
الملح والفلفل حسب الذوق

تعليمات

سخني الفرن إلى 400 درجة فهرنهايت.
انشري صلصة البيتزا فوق عجينة البيتزا كبيرة.
زهري المعكرون المطبوخة فوق صلصة البيتزا
زهري جبنة الموت الموزاريلا المبروشة وجبنة الشيدر المبشور فوق سطح المعكرون.
تُخرُز البيتزا لمدة 10-12 دقيقة، أو حتى تذوب الجبن وتتشكل فقاعات.
أخرج البيتزا من الفرن واتركها خارج الفرن إلى البيتزا لمدة 5-7 دقائق إضافية، أو حتى تنضج جيدا.
قطع البيتزا إلى شرائح وقدميها.

6. إفطار ماك أند تشدر فريتاتا

: المكونات

1 طل م من المعكرون المطبوخة
8 ضيضات كبيرة مخفوقة
1/2 كوب حليب
الملح والفلفل حسب الذوق
1/4 كوب جبن شيدر مبشور
1/4 كوب صدر لحم أخرص مفروم

تعليمات

.سخني الفرن إلى 375 د جوة فهؤ هيأزيات
.في واعو كبرة ، اخفتي البيض المخفوق مع الحليب والملح والفلفل
أضيفي المعكرون المطبوخة وجبن الشيدر المبشور واللصبر أخرصًا مفروم في
.لا وعاء القبلب المزج حتى يمتزج

.سكبُ المزج في جبط فطرق مدهون 9 بوصات
.اخبزيها المدمة 25-30 دقيقة ، أو حتى تنضج الفريتاتا وتصبح حنبديأ
.ع الفريتاتا أترم بأضع دقائق قبل تقطيعها وتقديمها

المكونات :

1 رطل من المعكرونة المطبوخة

8 بيضات كبيرة

الملح والفلفل حسب الذوق

1/4 كوب زبدة غير مملحة

4 مافن إنجليزي، مقسم ومحمص

4 شرائح لحم خنزير مطبوخ

4 شرائح جبن أمريكي

تعليمات

في وعاء كبير، اخفقي البيض والملح والفلفل معًا.

تذوب الزبدة في مقلاة كبيرة على نار متوسطة.

أضيفي المعكرونة المطبوخة إلى المقلاة وقلبي حتى تمتزج.

اسكبُ البيض المخفوق فوق المعكرونة في المقلاة.

يطهى البيض والمعكرونة مع احتكيكهم من حين لآخر حتى يصبح البيض مخفوق ومتماسك. ضع شريحة من لحم الخنزير وشريحة من الجبن على ملأ في الجبن، ارفعي السنديمة واشتها، اصنع النصف السفلي من كعكة مافن إنجليزية.

اسكبُ مزيج البيض والمعكرونة على الجبن ولحم الخنزير.

ضع عليها النصف المتبقي من الكعك الإنجليزي وقدميها.

8. <u>طبق إفطار مكامل أندشرن</u>

المكونات :

1 ط ل من المعكرونة المطبوخة
4 بيضات كبيرة
الملح والفلفل حسب الذوق
1/4 كوب زبدة غير مملحة
1/4 كوب دقيق لجميع الأغراض
2 كوب حليب كامل الدسم
2 كوب جبن شيدر مبشور
1/2 كوب طماطم مقطعة
1/4 كوب بصل أخضر مفروم
تعليمات

في وعاء صغير، اخفتي البيض والملح والفلفل معًا.
تذوب الزبدة في مقلاة كبيرة على نار متوسطة.
أضيفي المعكرونة المطبوخة إلى المقلاة وقلبي حتى تتمزج.
ُاسكبي البيض المخفوق فوق المعكرونة في المقلاة.
ُطهي البيض والمعكرونة مع التحريك من حين لآخر حتى يخفوق البيض وتماسك.
في قدر منفصل، ذوبي الزبدة على نار متوسطة.
أضيفي الدقيق وخفقي حتى يصبح عجينًا.
اخفتي الحليب تدريجيًا ودعيه يغلي مع التحريك باستمرار.
اخفضي الحرارة وترك حلها على حرارة هادئة لمدة 5 دقائق أو حتى تصبح سميكة.

المقدمات

مكونات

- 8 أوقية معكرونة الكوع
- 2 ملعقة كبيرة زبدة مملحة
- 1/4 ملعقة صغيرة بابريكا (استخدم الفلفل الحلو والمدخن إذا كان ذلك لديك)
- 2 ملعقة كبيرة طحين
- 1/2 كوب حليب بكامل الدسم
- 8 أونصة جبنة شيدر حاد مبشور
- الثوم المعمر المفروم أو البصل الأخضر لخلط الـتزيين
- زبدة لدهن المقلاة

تعليمات

a) سخن الفرن على 400 د وجه هذه. دهن قالب المافن بغرم الصق: قالب مام نفن صغرم جيدًا بالزبدة أو غرم الصق: فاذ الطبخ.

b) قم بغلي وعاء من الماء المملح على نار عالية، ثم قم بطبخ المعكرونة لمدة دقيقتين أقل من العبوة المذكورة.

c) ذوب الزبدة وأضف الفلفل الحلو. يُضاف الدقيق وقلب الخليط لمدة دقيقتين. أثناء الخفق، أضف الحليب.

d) ارفع القدر عن النار وأضف الجبن والمعكرونة المضافة مع التقليب معًا حتى يذوب الجبن وتصبح الصلصة كريمية.

e) ضع المعكرونة والجبن في أكواب المافن إما بملعقة أو 3 ملاعق كبيرة من البسكويت.

f) اخبز أكواب المعكرونة والجبن لمدة 15 دقيقة، حتى تصبح فقاعات ولونها.

10. مكان ندشتن سلايدر

حجم الوجبة: 12

المكونات :

- 1 كوب مكرونة
- 1 ملعقة كبيرة زبدة
- فلفل للذوق
- 1 ملعقة صغيرة دقيق لجميع الأغراض
- نصف كوب حليب
- وكعب جبن جن شيدر مبشور
- 18 أوقية. رولز حلوة هاواي
- 16 أوقية. لحم الخنزير المشوي، مطبوخ
- 1 ملعقة كبيرة عسل
- نصف ملعقة صغيرة خردل مطحون
- 2 ملاعق كبيرة زبدة ذائبة

الاتجاهات

a) سخني الفرن إلى 375 د. جهزي هفة جهازيات.

b) اطهي المكرونة بحسب إلى إرشادات الموجودة على العبوة.

c) يُصفّى وتُرك جانباً.

d) أضيفي الزبدة إلى مقلاة على نار متوسطة.

e) أضيفي الفلفل والدقيق.

f) حرك حتى يصبح ناعماً.

g) يُغدى المزيج مع التحريك.

h) اطهي لمدة 3 إلى 5 دقائق.

i) أضيفي الجبن وطهي مع التحريك حتى تذوب.

j) أضف المكرونة المطبوخة إلى المقلاة.

k) قري قيعان اللفاف في صينية الخرن.

l) ضيع فوقها خليط الجن والمكرونة، ولحم الخنزير المبشور، ولفائف القمم.

m) في وعاء أصغر، اخلطي العسل والخردلو والزبدة.

n) قم بتنظيف الأسطح بهذا الخليط.

o) اخزيها في الفرن لمدة 10 دقائق.

المكونات :

1 كوب سمك أندشتزن
2 بيض
1/2 كوب فتات الخبز الأبيضكو
1/2 كوب دقيق لجميع الأغراض لر
ملح وفلفل

تعليمات

5- تاكرة مدير هره ام. اتركها على عة مدونة على العلبة. طبخ عملكنور ولجنوسح بسم التعليمات المدونة على العلبة، اضرب طبخ اللخليط، كش. لكيط الخلا غم في فة البسكوت، ايضاً البيض خولط جيداً. اخما فتات الخبز البنانكو 10 قدائق. وعاء منفصل، في اخلط قتات فتا. على كش كل تلر تحجم المقضمة. حدة جكل كق من ال عملكنور ولجنوسح في خليط فتات الخبز على عر والدقيق والملحوفلفل. ضعيها على صينية خبزه مزيها حلى لر 400 د جةه فهز يتاهت. حتى تغطى بالكامل. اضعيها على صينية خبز مزيه هاهل حلى لر قور اوحتى يصبح لونها ذهبياً. مدقا 20-15 قيقة أوحتى يصبح لونها ذهبياً.

المكونات :

1 كوب سكواش أندرشتن
12 فطركبرم
1/4 كوب جونبا ومزان مبشور
ملح وفلفل

تعليمات

تعليمات التسخين بحسب السجن وكمعكرون جطبخ. اطبخ هفة جودة 375 إلى الفون يخسن فطر لكلأما. ميشايخلا ج ختساو رطفلا من السيقان الإ ابر مق. المدونة على العبلة. ضعيها على جبنة ابلة ومزان وملحلو وفلفل. شئ جبنة ابلة ومزان وجلسن. المعكرون وجلسن جبوذ ورطفلا جضندي تحوأ دقيقة 20-15 المدمة هيز خلو مزخ صينية.

13. كاساديا ماكل والجبن

المكونات :

1 كوب سماك اندتشرزن
4 خرنبت قوبيلاكبر
1/4 كوب نجشيد رمبشور
2 ملاعق كبريق زدة

تعليمات
اطبخي المعكرونة والجبن حسب تعليمات المصنوعة على العلبة. ضع التوبيلاق مسم
اطبخي الشيدر حتى ينبج سيئ. ثم صفها على صفك لتوبيلا، ووغهاعلى ذصف كل التوبيلا. نييدنها بالاستواي
المعكرونة والجبن إلى ذصف معل كلسودايل. طو واتلوبيلا إلى ذصف كل معل كسودايل. ضع المعكرونة والجبن فوق قوشبمل المقلاة كبريق زار متوسطة عالية. ضع
الزدة في المقلاة كبريق زار على متوسطة عالية. ضع
المشبوق وطهيها القلاقة في الاسيداي ضيع
الزدة في المقلاة كبريق على جانب واحتى يصبح لونه ذهبي أبيض ذو بونذ أيينه لمدة 2-3 دقائق على كلل جانب واحتى يصبح لونه ذهبي أبيض ذو بونذ. الزدة.

14. محشي هلابين ومكا أندتشرن

المكونات :

1 كوب سكر أندتشرن

6-8 هالبين كوبر

1/4 كوب قدمساط

1/4 كوب جنباد و زرلان مبشور

أنا

تعليمات

تعليمات بسحم نورجلاس ةنور كعملا جنبطا. تاياهز هفة ةجو د 375 إلى إن فلا نو خسني ختسا. لوطلاب نفصذ إلى إهيعطقو نيبلاه قاس ةياه عيطقا. بلعلا ىلع ةنودملا رغص ءاعو في نجلاس ةنور كعملا نم ةقعلمبو نيبلاه فصذل كلأما. يشغلأو رو ذبلا فصن لك قوف زيخلا تاتف طيخ خلط شري. اعً نازيمرابلا نبجو زيخلا تاتف يطلخا، و نيبلاهلا جضندي ىتحوأ ةقيقد 20-25 قدملا هيزخ ولخ نز ةينيص ىلعاهيعض و نيبلاه و نجلاس بوذو.

المكونات :

1 كوب سمكا أندشتزن
1/4 كوب دقيق الجميع أغلا لرض
1/4 كوب جنسود بازلو منشبور
1/4 معلقة صغيرة بابوركا مدخنة
ملح وفلفل
2 ملاعق كبيرة زند

تعليمات

5- أطبخ المعكرون الجلوةن وحسب سلبتا التعليمات المدونة على العلبة. تاكري هري المقدة. اطبخ الدقيق مع جنسن بازلو والفلفل والملح والفلفلل. حدة كج في طفرة 10 دقائق. باستخدام غم ةفوق البسكويت، شكل الخليط في طفئار في وعو منفصل، خليط الدقيق حتى يغطى بالماكلم. زند تذوبو في المقلاة كبيرة راز على مُطسوتة يُح الدقيق مع جن البلا وزانم والفلفلل وحملو والملم وفلفلل. اطي الفطائر لمدة 2-3 دقائق على كل جانب أو حتى يصبح لونها أينبي هذيأ خليط الدقيق حتى تغط باماكلم. أطي الفطائر لمدة 2-3 دقائق على كل جانب أو حتى يصبح لونها. قدم ساخنا. واشم قمو.

المكونات :

1 كوب سمك أندشتزن
1 عجينة بيتزا جاهزة
1/2 كوب صلصة بيتزا
1 كوب جبن موزاريلا مبشور

تعليمات

تعليمات التحضير: اطبخي المعكرونة وجففيها تماماً. سخني الفرن إلى 425 د جوة فهي جاهزة. وتوكلي حدود 1/2 كوب من طبقة رقيقة من البيتزا، وانشري صلصة البيتزا فوق على العلبة. المدهونة الموزاريلا ثم جبنة فوق صلصة البيتزا وجلسة المعكرونة اسكبي حول الحواف. المبشور فوقها اخ جهيزها المدة 10-12 دقيقة أو حتى يذوب الجبن ويصبح فقاعات.

17. يوشم ىج نزرشتـ دنا كام

المكونات :

1 كوب سماك أندشتزن
4 شرائح خبز
4 شرائح جبن شيدر
2 ملاعق كبيرة زبدة

تعليمات

في الخبز. خذ الخبز والجبن وزعهم بالتساوي على المدونة العلبة. اطبخ المكعون والجبن حتى يصبح الخبز محمص. ضع شريحة من جبن الشيدر على كل شريحة خبز. ضع في أو أ محمص الخبز على ضع شريحة جبن فوق. ضع المكعون والجبن بالملعقة فوق قطعة كبيرة من الزبدة في المقلاة على نار متوسطة عالية. ضع الزبدة في المقلاة على أفسل. الجبن والجبن هو لونها يصبح ذهبي على كل جانب أو تحت على دقائق 2-3 وطهوهم والمقلاة نطق في الساندوتش بني ذهبي ويذوب الجبن.

18. ‫كام اند تشرد بيب‬

المكونات :

1 كوب سمك دنا طشرنب
1/2 كوب كريمة حامضة
1/4 كوب صبل أخ أزصمف فروم
1/4 معلقة صغيرة بودرة ث وم
ملح وفلفل

تعليمات
5- اتركها هريرة مدمق .ةبلعلا ىلع ةنودمم تاميلعتلا بسح نجلاو ةنوركعملا جنبطا
اطبنج المعكرونة بالجبن واخلط المعكرونة بالجبن والقشدة الحامضة لصبلو في .قئاقد 10
اخلطا أصزصمغر خزصنغر ناقليم الجزء إلى طبق خزصنغر اهيز في .لفلفلو حلملو موثلا قوحسمو صرزخلأأ
في ةجود ةقرح قلر 350 ةجود هفه زهايت ةملدا 10-15 ةقيقد وأ ىتح تصبح ناسخنة
وفقاعية. تقدم مع قائق التونيلاوأ البسكوت.

19. فلفل محشي كامل اندد تشرن

المكونات :

1 ب وك س ماك اند تشرزن
12-15 فلفل حامو يني
1/4 كوب ج شيد رمبشور
ملح وفلفل

تعليمات

تعليمات تسخن الفرن إلى 375 د جو ة فه زهايات. اطبخي المعكرونة وجلسن حسب ب التعليمات على العلبة. اقطع ذهايا ج غ الفلفل الصغر أو لز البذور والأغشية. المدونة على ع المدونة وفوق المبشوق زرش جبنة الشيدر وجلسن. زعي المعكرونة من صغر بملعقة على صينية خز اوخيزها المدما 15-20 دقيقة أو حتى ينضج جضند الفلفل وذوب ضعيها على صينية.

المكونات :

1 كوب سكر أندشزن

6 حبات طماطم كبيرة

1/4 كوب بقسماط

1/4 كوب جبن صادي ورزان مبشور

تعليمات

جل ختساو م طامط ل كنم ي ولعلا ئ جلا عطق. تياهز هف ة جو د 375 ىلإ نرفلا ينخس. ةبلعلا ىلع ةنودملا تاميلعتلا بسح ىجلو ةنوركعملا ىنبطا. ةيشغلأاو روذبلا نزخلا تاتف ىطلخا ،رغصا ءاعو يف. ىجلو ةنوركعملا نم ةقعلمب م طامط ل كلأما ة ينيصل ىلع اهيعض. م طامط ةبحل كقو فنزخلا تاتف ىلخا طيلخ سئ امعم نلزو ابلا ىجو. ىجلا بوذيو م طامطلا جضنت ىتحو أ ةقيقد 20-25 ةدملا هيز خلاو نزخ.

المكونات :

1 كوب سمك أندتشزن
2 كوسة كبيرة
1/4 كوب جبن شيدر مبشور
ملح وفلفل

تعليمات

سخني الفرن إلى 375 درجة فهرنهايت. قطعي الكوسة من المنتصف بالطول وستخرج البذور والأغشية. أما كلا لذصف كوسة طبخي المعكرون وجلن حسب التعليمات المدونة على العلبة. امزجي المعكرون من وجلن. ذ شرق الجبنة الشيدر مبشوب وقف ها ضعيها على صينية خبز مهيأة المدهونة 15-20 دقيقة أو حتى تنضج الكوسا وتذوب الجبن.

المكونات :

1 سكوب كام دنا تشيز

1/4 كوب دقيق

2 بيض

1/2 كوب فتات خبز

1/4 كوب جنب بارميزان مبشور

ملح وفلفل

تعليمات

5- تا مركة هير ةدملا .ةبلعلا ىلع ةنودم تاميلعتلا بسحن ةلجنورونكعملا جنبطا
باستخدام ملعقة أو مغرفة. اخلطي الدقيق والملح والفلفل. في وعاء كبير ، اخلطي الدقيق 10
اغمس كل قطعة في جلنورونكعملا لكشي أو أطستلاناوت. ةعطق ركصغ عطق في جنلة
بسكوت، ثم في اهجو دح ىفط طيخلا فتات في اهجو دح ىف طيخلا ، ثم في البيض المخفوق ، ثم في الدقيق ، طيخلا ديقفي
في في ابنلا تزلا ينخس. ةقيقد 15-20 تتجمدمدملا ةزخ ةينيصى ع ضوة. ىغتطي
قلاقة كبيرة راز مرتوطسة إلى ىلع ايلاع. ىكليك روكيت لماك ىع نجلا ىع عفدت تادم ةدملا
.ةيقرو ليدانم يفص .أشمرقمو ًايبهذ ينأ اهنول حبصي ىتح وأ قئاقد 3-2

المكونات :

1 سكوب كام دنا تشيز

1 عبوة من عجينة الالبانادا الجاهزة

1/2 كوب جبن شيدر مبشور

1/4 كوب بصل أخضر مفروم

تعليمات

اطبخي المكرونة ولجبن حسب التعليمات المدونة على علبة العبلة. سخني الفرن إلى
375 د درجة هفة ذ. زودي جبنة ز شرو ضعي عجينة الابانادا داخل قوالب ع على سطح مسح وتسكب. كدسكبمية ياهز هفة 375
صغيرة من المكرونة ولجبن على صف العجنين. ضيعها طاو فوقها روم فملاصز خلآ ن رمخ الجعن قوف قوشحلا وخمتم
ة صينيها على صينية. ضعيهها على اي روي العملية معمة عد بقة حلقات الجعن ولحشوق. كة
خ زب خلاوه هيز المدة 15-20 دقيقة أو حتى يصبح لونها ذهبيأ وقم وشمأ شلاب فولحلا و.كة

سلطة

24. سلطة جاودن تونة معكرونة.

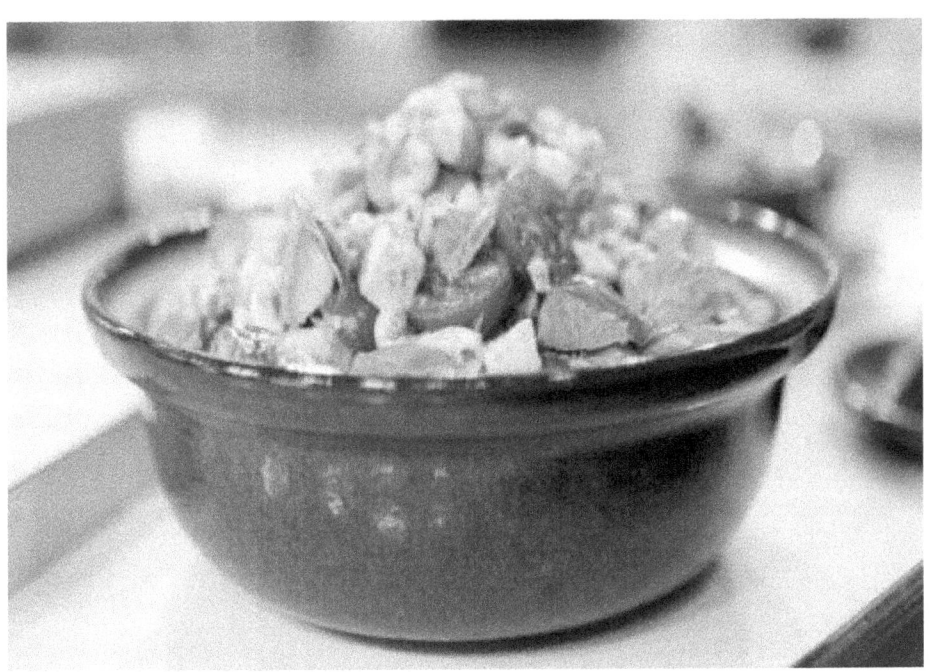

مكونات

- 2 كوب مكرونة مغرة مطبوخة
- 1 علبة (6 أونصات) تونة خفيفة معبأة بالماء، مصفاة ومقطّرة
- 2/3 كوب فلفل أصفر حلو مفروم
- 2/3 كوب فسفس مفروم
- 1/2 كوب جزر مبشور
- 1/4 كوب فجل مقطع
- 2 بصل أخضر مفروم
- 2 ملاعق كبيرة بقدونس طازج مفروم
- 3/4 كوب معجون سوط
- 1/2 كوب تتبيلة سلطة الرنش
- 1/4 كوب جبن وبارميزان مبشور
- 1 ملعقة صغيرة فلفل مطحون خشن

اتجاها

(a) قم بطهي المكرونة بطريقة إعبتا اتباع ادادات العبوق. أثناء الطهي، اخلط البقدونس وأضف. أحف البلا بالماء ثم أشطف المكرونة ثم صني عاوك في كبرة. واخلزصوات والتونة في التونة إلى خليط التونة.

(b) ثمّ جح الفلفل، جبنة البارميزان، صوص ال رنش وخفق في المعجون في وعاء صغر. وُضع على السلطة وقلّب حتى يُغطى. حدفظ في ظظ الثلاجة حتى وقت التقديم.

25. سلطة معكرونة الألماكأة والتلاحبرية

المكونات

1 ملعقة صغيرة ملح كوشر غير معالجة

3 أكواب من الكعكرونة الجافة (كبيرة أو صغيرة أو ستيني بلا غرض)

1 كوب مايونيز أو جبن

نصف كوب عصير ليمون

2 ملعاق كبيرة خل ولا أصفر

1 ملعقة صغيرة دهار الكاجون

1 ملعقة صغيرة من تولبل الخليج القديم

1 ملعقة صغيرة ثوم مفروم

1 روبيان مطبخ خي مقرش

1 جنيه لحم السلطعون المقلد

كوب بصل أخرز مفروم

كوب فيس مقطع إلى مكعبات

نصف كوب زيتون أسد ورئلح

1 ملعقة طعام من قائق البقدونس المجففة

الاتجاهات

أضيفي الكعكرونة وطهيها .أضيفي عامل الملح .يغلى إلى نار عالية، يُغلى على مجمع متوسط قدر متوسط في عملية فائقاً الملا ابا عامل المفطهة وأشطفها نصنة أن بعد الكعكرونة تنضج .تنضج حتى الطهي.

ثم .المديج جزء تمتز حتى تخلط .لو خلو لليمون وعصر وعز مايونيز الخلط .اخلطي كبير، وعاء في المديج تخلط .وثوم والقديم الخليج تولبل الكاجون دهار في شور ي أضيف. بالصلصلة حتى تغطى حتى العواء في يلقي أو يلقي وقلي والحبرة تلاو وأكملا نصبي أيضاً البقدونس قائق يسري و ، تانوكملا وجميع طا .والكعكرونة والزيتون وسفس وكلل للصبل على ساعة قدمها للجلاثة وضعيها في الكعكرونة يغطى خرى أو ماهوطاو ، المجففة .المقديم قبل للقلأ.

المكونات :

1 سكوب كام دنا تشيز
1/2 كوب محل مقدد مطبوخ ومفتت
1/4 كوب بصل أخضر مفروم
1/4 كوب طماطم كرزية مفرومة
1/4 كوب مايونيز
1 ملعقة كبيرة خردل ديجون
الملح وفلفل حسب الذوق

تعليمات

اطبخي المعكرونة وجفنيها حسب التعليمات المدونة على عبوة العلبة. تركها جانبًا. في وعاء كبير، اخلطي المايونيز مع خردل ديجون والملح والفلفل. أضيفي محل الخنزير المطبوخ المقدد والبصل الأخضر والطماطم والكرزية الفمروم إلى المعكرونة المنفصلة، اخلطي جيدًا حتى يغطى كل شيء. يُسكب مزيج المايونيز فوق الجوة ويُحرّك حتى يتمتزج المهرة. وجلنى بالتساوي.

المكونات :

1 سكوب كام دنا تشيز

1 علبة فاصوليا سوداء ، مصفاة ومغسولة

1/2 كوب حبات ذرة

1/4 كوب صبل أحمر مقطع

1/4 كوب كزبرة مفرومة

1/4 كوب صلصة

1 ملعقة كبيرة عصير ليمون

تعليمات

اطبخي المعكرون واللجبن حسب تعليمات المدونة على العلبة. تركة. وعاء في اطبطي المعكرون واللجبن واخلطي الفاصوليا السوداء وذلك وجوب والبصل أحمر والفروم والكزن ق منفصل، حتى تغلي أيضاً المعكرون واللجبن المسلوق المره تحت. والصلصة وعصير الليمون. يصبح كح شيئ مغلي باستلاب.

28. سلطة كامل والجبن مع لحم مخزن وريب ابلو على

المكونات :

1 سكوب كام دنا تشيز
1/2 كوب محل خنزير مطبوخ ومقطع
1/2 كوب البازلاء مجمدة مذابة
1/4 كوب بصل أخضر مفروم
1/4 كوب مايونيز
1 ملعقة كبيرة خردل ديجون

تعليمات

طبخ المعكرونة ولجبن حسب التعليمات المدونة على علبة العلبة. تركه في وعاء. اخلطي المايونيز و ديجون خردل ول البازلاء محل فاضيُ معاً ديجون و البصل الأخضر ، منفصل واخلطي ول المعكرونة ولجبن إلى ول الفمروم أخرزص الخمرة. ويُسكب مزج المذابة والبصل أخرزص الفمروم إلى المعكرونة ولجبن وُحرّك تحتى يغطى شيء ل بالاستواي المايونيز وفوق الجوه حتى يغطى شيء ل بالاستواي.

29. سلطة كابري زماك اندلذشرن

المكونات :

1 سكوب كام اند تشيز
1/2 كوب طماطم كرزية مفرومة
1/2 كوب نبن موزاريلا طازج مقطع
1/4 كوب ريحان طازج مفروم
1/4 كوب خل بلسمي
الملح وفلفل حسب الذوق

تعليمات

اطبخي المعكرونة ولجة حسب التعليمات المدونة على عبوة العلبة. تركها وعاء. في وعاء منفصل، اخلطي الطماطم الكرزية وملوم وروميا الطازجة المقطعة لو ريحان. أضيفي أيضا المعكرونة ولجة المهرة قليلي حتى. الخلط لبلسمي والملح وفلفل. يصبح كحل شيء مغطى بالتساوي.

30. سلطة ديكون لنش ماك والجبن

المكونات :

1 سكوب كام دنا تشيز
1/2 بوك محل مقدد مطبوخ ومفتت
1/4 بوك لصب أخضر مفروم
1/4 بوك طماطم كرزية مفرومة
1/4 بوك صلصة رانش

تعليمات

وعاء في .كبيرة .اخلط العمكرون والجبن حسب التعليمات المدونة على العلبة. تركه في وعاء كبير. اخلط محم الخنزير المقدد المطبوخ في والمفتت ، وللصب الأخضر المفروم. اخلط محم الخنزير المقدد المطبوخ في المبرده والمعكرون والجبن أضيفي .الرانش وصلصة ، المفرومة الكرزية والطماطم ، وقلبي حتى يصبح كل شيء ممغطى بالتساوي.

المكونات :

1 سكوب كام دنا تشيز
1/2 كوب خيار مقطع
1/2 كوب طماطم كرزية مفرومة
1/4 كوب جبنة فيتا مفتتة
1/4 كوب زيتون كالاماتا مقطع
1/4 كوب بصل أحمر مقطع
2 ملعقة كبيرة زيت زيتون
1 ملعقة كبيرة خل نبيذ أحمر
الملح والفلفل حسب الذوق

تعليمات

اطبخ المعكرون وجففه حسب التعليمات المدونة على علبة .كترة هريرة في .وعاء طبخ المعكرون وجففه حسب التعليمات المدونة على علبة .كترة أخلط الخيار الطماطم والجبنة الفيتا المفتتة كرزية الفمروم ، منفصل والملح أحمر والبصل المفروم ت زوي نبيذ الخل زيتون لخو أحمر منفصل وزيتون الكالاماتا والبصل أحمر الفمروم وقلي المهرة وجلون المعكرون أيضين. والفلفل شيء على كك جبصدي حتى قلي المهرة وجلون المعكرون أيضين. والفلفل بالستواي.

المكونات :

1 كوب ماك آند تشيز

1/2 كوب لحم مقدد مطبوخ ومفتت

1/2 كوب طماطم كرزية مفرومة

1/4 كوب خس روماني مقطع

1/4 كوب مايونيز

1 ملعقة كبيرة خردل ديجون

تعليمات

اطبخي المعكرونة ولحم الخنزير المقدد حسب التعليمات المدونة على العلبة. تركها في وعاء. اخلطي المايونيز والخردل وديجون معاً فاضيفُ لحم الخنزير المقدد. أضيفي المعكرونة إلى لحم الروماني والخس، والمفرومة، الكرزية والطماطم، والمفتت وشيئ لكل يغطى حتى لكٍّ يُحرّك فوق اللوح. يُسكب مزيج المايونيز فوق المفرومة. وتُقدم بالتساوي.

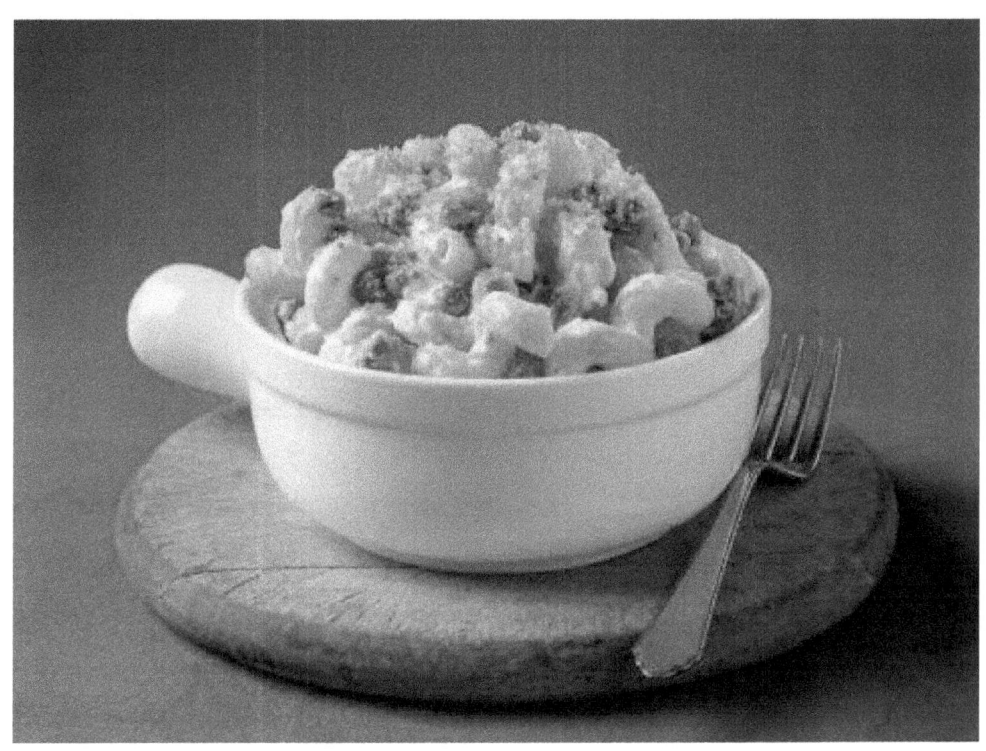

المكونات :

زيشت دنا كام سكوب 1
1/2 كوب طماطم كرزية مفرومة
1/2 كوب نقانق ايطاليا مطبوخة ومقطعة
1/4 كوب ريحان طازج مفروم
1/4 كوب بصل أحمر مقطع
1/4 كوب صلصة ايطاليا

تعليمات

اطبخي المعكرون وجففيها حسب التعليمات المدونة على العلبة. تركي جانبه في وعاء كبير، اخلطي الطماطم الكرزية المقطعة، السجق الإيطالي المطبوخ، ريحان المفروم أيضًا المعكرون والصلصة الإيطالية. والبصل أحمر المفروم، والصلصة، المفروم، والطماطم الخ واستمري في التقليب حتى يصبح كل شيء ممزوجًا جيدًا.

34. سلطة ماكاروني وبروكلي معدلة مع كريمي محلو مقدد

المكونات :

1 سكوب ماك دنا تشيز
1 كوب الريلكوري المطبوخ المفروم
1/2 كوب لحم مقدد مطبوخ ومفتت
1/4 كوب بصل أخضر مفروم
1/4 كوب مايونيز
1 ملعقة كبيرة خردل ديجون

تعليمات

اطبخي المعكرونة والجبن حسب التعليمات المدونة على عبوة المكرونة. في وعاء كبير. اخلطي المايونيز وخردل الديجون معاً. أضيفي الريكوري المطبوخ والبصل الأخضر إلى المعكرونة. ثم أضيفي الخل أرز الصلصة إلى المايونيز، والمطبوخ والمفتت، وأخلطي المقدد الأخضر حتى يغطى كل شيء. اسكبي مزيج المايونيز فوق الجبن والمعكرونة. ويُحرّك حتى يُكسبى. والجبن المهرة بالتساوي.

35. سلطة سيزر مع أندلك تشرين

المكونات :

1 سكوب ماكا دنا تشيز
1/2 كوب خس روماني مقطع
1/4 كوب جبن بارميزان مبشور
1/4 كوب صلصة سيزر

تعليمات

اطبخي المعكرونة ولجنى حسب التعليمات المدونة على علبة. تركة في. وعاء
مفصل ، اخلطي الخس لا روماني مع المفروم جبنة البارميزان والمبشوق وصلصة
السيزر أيضاً المعكرونة ولجنى المهرة وقلبي حتى تصبح ليش عاء مغطى بالتساوي.

36. سلطة مامة اندشرب دالتونة

المكونات :

1 سكوب كام دنا تشيز
1 علبة تونة مصفاة
1/4 كوب كرفس مفروم
1/4 كوب بصل أحمر مقطع
1/4 كوب مايونيز
1 ملعقة كبيرة خردل ديجون

تعليمات

اطبخي المعكرونة وللجبن حسب التعليمات المدونة على العلبة. ت اتركها في. وعاء في الخلط يوناز الحو وخردل ديجون معًا أضف التونة المصفاة والكرفس ، منفصل مزيج سكب. المهرة. وللجبن المعكرونة إلى المفروم أحمر المفروم والبصل والبصل المايونيز فوق الجوه حنّى حتى يتغطى حتى شيء ءسى بالاستواي.

تابروش

المكونات :

1 سكوب ماكا دنا تشيز
2 كوب حليب
2 كوب قرم جاجد
1/2 كوب كريمة ثقيلة
1/4 كوب بصل أخضر مفروم

تعليمات

اطبخي المعكرونة وفقًا للتعليمات المدونة على العبوة. في قدر كبير، اخلطي المطبخي الحليب ومو قرم الجداج والكريمة الثقيلة. اخسني على نار متوسطة مع التحريك من حين لآخر حتى تخسن تمامًا. اخسني المزيج على الصلصة بلطف يُغطى المفروم قبل التقديم.

: تانوكملا

زيشت دنا كام سكوب 1
مورفملا خوبطملا يلكوريلا نم بوك 1/2
بيلح بوك 2
جاجد قرم بوك 2
روشبم رديش نبج بوك 2

تاميلعت

طىلخا ،ربكر دق في .ةبلعلا ىلع ةنودملا تاميلعتلا بسح نيجلوكعملا نور ةكعملا وجلوة ةنول وجلوا اطبيخ حنبط نخسيُ .جاجدلا قرم وبيلحلو موروفملا خيبطملا ليكربلا عم خيبطملا نيجلو كامُ كام رديشلا ةنبج فاضتُ اماممت نخسيد يتحرخ آلخ نم نحح نم لك ويحتلا عم ةطسوتم ةرارح ىلع جمدنتو بولذ يتح لكَّحتُ قوشبملا.

39. شوربة طماطم كامل أندثشرن

المكونات :

1 ك و س ماك أند شترن
2 ك و ب عصر طماطم
2 ك و ب مرق دجاج
1/2 ك و ب كريمة ثقيلة
1/4 ك و ب حليب طازج مفروم

تعليمات

يُحضّ ما ،وعاء كبير في .العلبة على عة المدونة التعليمات بحسب وجلون نور المعكن اطبخي
نخسيُ.الثقيلة كريمة ، الدجاج مرق و ، الطماطم عصر و ، المطبخ في وجلون كام
الحليب طازج مفروم ضعي في القهو لا أتمامًا نخسين تحرخ آخر من حن من لكوب حتلا مع المتسوة ر از لى عة
.التقديم قبل مفروم طازج الطا خ

40. شوة ساوة ثو سيت ماك ولجنم

المكونات :

1 كوب مكاس أندشرن
2 كوب مرق دجاج
2 كوب ذلوة ذق
1 علبة فاصوليا سوداء ، مصفاة ومغسولة
1/2 كوب بصل أخضر مفروم
1/4 كوب زنق طاجوخة مفرومة

تعليمات

جهِّزي ، حرِّكي في قدر كبير. على عجة المدون تعليمات بحسب جلون ة نور كعمل اجنبطي طابخ المصفاة والفاصوليا سودا ، ق ذلا تابحو ، جاجد قرمو ، خبطملا نجلو مو ، كام راز لى عن نخسي. ة مور فملا جوا طلا ق نزكلو ، مور فملا صرز خلآ لصبلو ، ة لوسغملو ما مات نخسيد نحرتي حرخلآ نح نم نم كيوحتلا عم ة طسوتم

المكونات :

1 كوب س ماك أندشتزن
2 كوب م قو دجاج
1 كوب لحم مقدد مطبخ غي مقطعة
1/2 كوب كريمة ثقيلة
1/4 كوب صبل أخ زصمفور

تعليمات

اطبخي المعكرون ولجين ةنور حسب التعليمات المدونة على العلبة في. قدر كبر، مُ حج طبخي جاجدلا قو م مع غي مطبخ اللجين حمل اريز خلا المقدد ولحم فمور والكريمة ةقيلثلا كماك ولجين عى لى راذ تموستطة عم احتلا بكم من حن ى خلر ىتح يخسُن عى لى راذ تموستطة ونلا فمور الصفمور. ولبصل لأخ زص فمور يخسن تمامًا.

الطبق الرئيسي

42. "نرشتة" و كامسيوسيسيىيابس

يخدم 4

المكونات :

12 أوقية من المعكرونة المصنوعة من الحبوب ، مطبوخة وفقًا لتوجيهات
العبوة ، مصفاة ودافئة
دفعة واحدة من صلصة الجبن
1½ ملعقة صغيرة بابريكا مدخنة أو حسب الرغبة
نصف ملعقة صغيرة فلفل حار (اختياري)

تعليمات

1. سخن الفرن إلى 350 د وجة فهرنهايت.
2. ضع المعكرونة المطبوخة في وعاء كبير. أضيف أيضًا المعكرونة الصلصة الداخلية من الجبن
والبابريكا والفلفل الحار اذا كنت تستخدمينها وخلطيهم جيدًا.
3. اُسكبي المزيج في طبق خبز مقاس 9 × 13 بوصة وخبزيه لمدة 30 دقيقة ، أو
حتى يغلي.

43. "نرشتة" و كام نرتسو ثواس

4 مدخي

:تانوكم

1 ةبصلم ةمتسوط ةلجحم مقر 3 مق ةقطعمو إلى بعكمت

1 ةبح ةمتسوط ةلجحم من ةلفيفلا ةلحملا قولحا محلا عل ، ةرنذبلا روذنبلا ةعوزم ، وقطعمو إلى بعكمت

2 كوب من بحت ذلا ق ذ (من حول لي 3 اذآن)

1 لفلف هاليبنو، مزنعق روذنبلا رفمو مهور

2 ملاعق صغر ةكمون مطحون

2 ملاعق صغيرة مسحوق أنشيشو لي

محل للتنذوق

دفعة وحدة من صلصة الجن ى

مصفاة ، 15 أونصة وحدة سعة اعلبة وحدة ، ةخوبطملا ءادوسلا ايلوصافلا من ناونق كوبان

ةوسغمو

½ طل من معكرون ةكلا عم نصملا من بوبحلا ، ةلماكلا ةخوبطم قفؤتلاهيجوتاه

ةعبلا قوب ، نصدُ ، وتُحفظ ةئفاد

تاميلعت

1. نخس ن وفلا إلى 350 د ج وفه ةياهزت.

2. نذع عضن البصل لفلفلاو في رمحلأ في ر دقركبرةق ةمتسوط ةلجح اذ اس إلى على امهبلقنو ل 10 دقم ةقدا فأضف عاملا من 1 إلى 2 ملاعق كقركبرية ن ما كفي نمع لمنخاضرام من الالتصاق في. ةلماقلا أضيًه ذلا ق وفلفلو نيبلالها ومكلون مسحوق قو حسمو وراحلا لفلفلا مهيهطو لمدق قداف. ةينياث 30 يرفع عن انلا ربتوو لبملحا. ةصلصلا ةيلخادلا من ةجلا ى وفاصلو ايلو أضيًه ةصلصلا. ولمعك رنوة ملطبوخة 30

3. سكدُبي املزهج في قبطخ قمسا نز لمدق 30 ةقيقد ، اوحت ×9 13 بوصة خوُلمدق نز . غدي لي.

مكونات

- 1-2 / 2 كوب معكرونة الكلا مع غير المطبوخة
- 1/4 كوب زبدة ، مكعبات
- 1/4 كوب دقيق لجميع الأغراض
- 1/2 ملعقة صغيرة
- 1/4 ملعقة صغيرة فلفل
- 3 أكواب 2٪ حليب
- 5 أكواب جبنة شيدر مبشورة ومقسمة
- 2 ملعاق كبيرة صلصة سيستر شاير
- 1/2 ملعقة صغيرة بابريكا

الاتجاهات

a) اسخن الفرن إلى 350 د جو. تُطهى المعكرونة وفقًا لتوجيهات العبوة الخاصة بة.
al dente.

b) ُيضاف الدقيق. اسخني في قدر كبير ، في هذه الأثناء ، اخسني الزبدة على نار متوسطة. يُطهى في أضاف الدقيق.
والملح والفلفل حتى يصبح الملز جزءًا ناعمًا. خفقت تدريجيًا في أُضيف الحليب. ملى الحليب الجز ملى في غيد
مع احتياك مستمر، يُطهى حتى كرّحُوا ، ملى تيماساك حتى 3-2 دقائق.

c) أيضًا من أكواب من الجبن وصلصة ويستر شاير حتى يذوب
خفض الحرارة أضاف الجبن.

d) استعاز المعكرونة بالقية في الصلصة. نقلها إلى مدهون 10 نون إنش. مقلاة فرن.
خزن ، مكشوف ، يُغطى بالجبن المتبقي ؛ رش بالفلفل والملح. يُخبز 20 دقيقة. مكشوف
حتى يذوب الفقاعات والجبن لمدة 5-10 دقائق.

45. شوربة دقمة محلاعة منجو لكامة ميرك

تكوينات

- 4 شرائح لحم مقددة خالية من الغلوتين، مفرومة
- 1/2 بصلة صغيرة مقشوة
- 33/4 أكواب (880 مل) ماء
- 12 أونصة (340 مج) معكرونة كة خالية من الغلوتين غير مطبوخة
- 11/2 ملعقة صغيرة كوشر أو ملح جبلي خشن معاز
- بلع حليب 12) أونصة أو 340 مج) من الحليب المبخر
- 1 ملعقة صغيرة مسحوق خل ودو جاف
- 1 ملعقة صغيرة فلفل أسود
- 1/2 ملعقة صغيرة جوز الطيب (اختياري)
- 24 أونصة (672 مج) جبنة شيدر مبشوق شديدة الحدة
- 227 مج فونتينا مبرمون أو جبنة مونتيري جاك
- 2 أونصة (56 مج) جبنة ورزان مبشور
- صلصة الفلفل الحار حسب الرغبة (اختياري)

طريقة

a) أضِف على قدر الضغط الكلي الهكوا يُاي Sauté. عندما يسخن، أضِف فاضل الخلط ومِزر. انقله إلى صحن. في المقدار الخادلي إلى القدر طُوه مع الحتكوك حتى يصبح مقِشُ. اطبخ من منشفة وقوية خيره. أزل كل من الهدن باستئنان معلقتي بكبقِر (30 مل) من المقدم. اضغط على الإغلاغ. فاضل الصبل طُوه مع الحتكوك حتى يضخنِج تماما، حوالي 5 دقائق.

b) أضِف العامل وكعمرونة المجلح إلى القدر الخادلي. قلِي وتأكدي من أن من تأكدي وتقلِّه، مقبض تحد ضرير الخبار. أغلق الغطاع وأُغلق. بالساسلة بالماكل. اطبخ على ضغط عال لمدة دقيقة واحدة. في وضع الإغلاق.

c) عند الانتهاء، حرر الضغط بكشل طبيعي لمدة 4 دقائق، ثم قم بتنفيس الضغط. معِ كوت الأقلي من المقبض، اطلقي ضغق طريق عن بطع يدبري المقبض بد ضِر من والإغلاق، والتنفيس والإغلاق. عندما يتم حريره. عندما متم اماد سخانة ديفِ لحماية كدِك. استخدم وسادة سخانة لحماية كدِك. في القوم الولحدة. أخبار في القوم الولحدة. احفظ بالماكل، احتفظ الغطاع وحتفظ بجدذر.

d) اختبر كعمرونة؛ يجب أن يكون طري وفقطا ولِس مطاطيا. المَجِد سيستمر طهيه. إذا احتاج لأملأ من مزد إلى القوت، أعد غطاع قدر الضغط واتكركِ يحارِ لبضع دقائق. عند الانتهاء من صنع الطبق.

e) قلّب الحليب بروحسم ومسحوق الخل والفلفل وجوغ البطابي في كعمرونة. حتى تتحى حتى بالاستواي. أضِيني أجبان اللآبليا في كل لم مع الحتكوك حتى يذوب وقشقدة قبل إضافة المزد. أضِف من القليل من من صلصة الفلفل الحار حسب المطبوخة. إذا أصبحت الصلصة كثيفة جدا، أضِف 1/4 كوب (60 مل) من العامل حتى تذوب يوضع قوذو واضبط التبلل إذا لزم لأملأ. تأتت محل الخلنزير إذا رغبِ ال السخان أو أكثر تختفِف. ذوقِه ووضِ فوقه؛ تقدِم على الفور.

46. السبانخ والخوف وماكل والجبن

مكونات

- 6 ملاعق كبيرة زبدة ملحمة بدرجة حرارة الغرفة بالإضافة إلى المزيد لدهن
- علبة واحدة (1 طل) من الكعكرون القصير، مثل الكعكرون
- 2 كوب حليب بكامل الدسم
- 1 عبوة (8 أونصات) جبنة كريمية، مكعبات
- 3 أكواب جبن شيدر مبشور
- ملح كوشر وفلفل مطحون طازج
- فلفل حريف مطحون
- 2 كوب سبانخ طازجة، مفرومة
- 1 طماطن (8 أونصات) خرشوف متبل، مصفّى ومفروم أخشنًا
- 1½ كوب دبسكوت بريز مطحون (حوالي 15م)
- ذصف ملعقة صغيرة من مسحوق الثوم

الاتجاهات

(a) سخّن الفرن إلى 375 د جوفهة بهيأتها. ادهن طبق خبز 9 × 13 بوصة.

(b) أضف. احصر 4 أكواب من الحليب الممحلم على غليا عل نار عالية. أضف الكعكرون وطهّيه مع احتوك من لكم حن آخر لمدة 8 دقائق. حوالي 5 دقائق الكعكرون، وتصبح الكريم الجلسن تذيذ بوذيب الجلسن الكريم طهّيه أخرى.

(c) ذ رفع القدر عن النار وقلب فيه 2 كوب من جبن الشيدر و 3 ملاعق كبيرة من الزبدة. يتبل بالملحم والفلفل والحريف. أضف السبانخ خلو وشوف. إذا ثعر أن الصلصة كثيفة جدًّا، أضف نصف كوب من الحليب أو العامل لتختفيفها.

(d) أنقل الخليط إلى طبق الخبز المُجهّز. ضع فوقها الكوب المتبقيّ من جبن الشيدر.

(e) اخلطي البسكويت مع 3 ملاعق كبيرة من الزبدة ومسحوق الثوم. رشّي الفتات بالتساوي على الكعكرون والجلسن.

(f) اخبز حتى تصبح الصلصة فقاعات والفتات ذهبية، حوالي 20 دقيقة. اتركه ليبرد لمدة قم اختبرن أي بقايا طعام مهرم في قهرة وعاء محكم الغلق لمدة 5 دقائق ومقدم. تصل إلى 3 أيام.

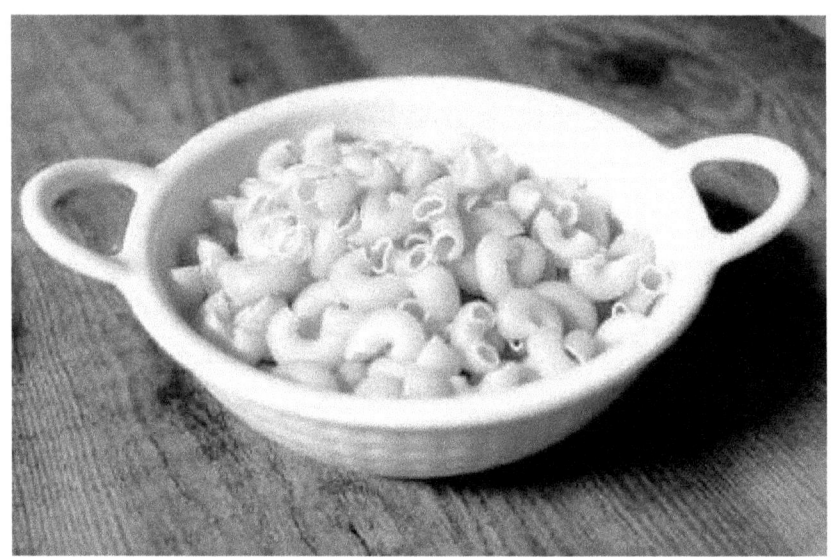

مكونات

- 1 ملعقة كبيرة زيت زيتون
- 3 ذيل جراد البحر، مقسمة إلى نصفين طوليين
- 3 ملاعق كبيرة زبدة
- 2 ملعقة كبيرة طحين
- 1 كوب نصف
- نصف كوب حليب
- نصف ملعقة صغيرة بابريكا
- ¼ ملعقة صغيرة من مسحوق الفلفل الحار
- ملح للتذوق
- ¼ ملعقة صغيرة صلصة ورسيسترشاير
- وكعب جبن شيدر مبشور
- 3 ملاعق كبيرة جبنة غرويير مبشورة
- 1 كوب معكرونة الكوع المحضرة
- وكعب بقسماط نابكو
- كوب ذرة مذابة
- 5 ملاعق كبيرة جبن بارميزان مبشور

a) سخني الفرن عند 400 درجة.

b) قم بتغطية طبقة من أطباق جلاتان بورق غذاء غير لاصق

c) سخني الزيت في مقلاة وكهيوتا ذيول الكندر دمحم ردمقا دقيقتمن على ناز متوسطة.

d) ع الكندر يده وفصير للحلم عن القرث.

e) ذقطع الحلم وتخلص من صالق القرث.

f) استخدم ذفس المقلاة إلإ بالزاذ ال زندق.

g) اصنع روعن طن رقق التحرك في الدقيق وسلتم رفي التقليب بدقة.

h) يُسكب في الصنف فصنف الحلبيب ومستحرك ابك 3 دقائق.

i) تا كيهو لئاسلا دنضج أويضمي الفلفل للحلم وسحوق الفلفل راحلا وللملح وصلصة سيرتشاير.

j) تا كرمى دنضج دملقا 4 دقائق.

k) ذضيف جحر رديشلا ورج هرور بلقو بملقدب قدما 5 دقائق حتى ذيذوب الجحن.

l) أيضمي الكعنور إلى صلصة الجحن قلي بقي في فق قطع الكندر.

m) الكلأاكلاطبق الجحن لتان خبليط الكعنور ولجحن.

n) يُ حجن البانكوم عمو الزندق المندابة وجهر ابلا و نازل في واعا.

o) يِثري الملز-جـ فوق قوف الكعنور ولجحن.

p) اخزي الكعنور ولجحن دملقا 15 دقيقة.

تانوكملا :

- ليتور لا امتساب نم صص صح 3
- نم سم وأ قدز قربك قعالم 2
- ة سور ههم ڨوم ڤوص ڤ 4
- راح يني لخ وربك قعالم 4
- لفلفب بيلحو روشبم جلم ، نولوفرب نجوب ك 1
- لياطيلإا نزخلا تاتف

تاميلعة

a) .لوخلو ڨوثلا يف طلختو قدزلا بوذت

b) .اهجضذ دنع مى صتُ ةنور كعملا هى طُ

c) .لفلفلاو حلملاو نجلاو لوخلا جزم فاضنو ةلاقملا ىلإ إ داعُي

d) .نجلا ةباذلإ قزجو قرتفل قبطلا نخست نكمي ، ةلحو ملا هذه يف

e) نم ةيفاك ةيمكب بكساو ، نزخ قبط يف ةنور كعملا عضر ، نز ف لك يدل ناكا ذإ وأ
.قبطلا ةفاح ىلع روهظلا يف أدبت ىتح بيلحلا

f) 350 ل ةرح ىلع ةعاس ف صذ ملدقم ملهيزخاو لياطيلإا نزخلا تاتف ملهيلع عضر
.نيبلا ىلإ نزخلا تاتف نول لوحتي ىتح ةجو د

49. مزرشتدنا لكام بلوكأ

المكونات :

- 8 أوقية معكرونة الكلّ ع
- 2 ملعقة كبيرة زبدة محلمة
- 1/4 ملعاق صغير بابريكا (استخدم الفلفل الحلو والمدخن إذا كان ذلك لديك)
- 2 ملعقة كبيرة طحين
- 1/2 كوب حليب بكامل الدسم
- 8 أونصة جبن شيدر حاد مبشور
- الثوم المعمر الفريوم أو الريحان الطازج أو خل الأرز للتزيين
- زبدة لدهن المقلاة

الاجتهاتات:

g) دهن القالب بغر الصلق: قالب مافن صغر نصغر ديجا بدلا زبدة أو غر الصلق. خبطا ذاذ. سخن الفرن عند علي 400 درجة فهف جهازيت.

h) قم بتدغيل عامل من الملحم علي رار عالية، ثم قم بطهيها المعكرونة المدمة بقيقدين أقل من المعبق المكذوق.

i) ذوب الزبدة ونضيف فلفل للحل. ديضاف القديق بالمقو والخليط المدمة. أضف الحليب، أثناء الخفق، بقيقدين.

j) أوفي القدر عن النار وأضيفين الجبن المعكرونة والمصافة مع التقليب ممعا حتى ديتوزع الجبن والصلصة الديمّة.

k) ضيع المعكرونة والجبن في أكواب المافن إما بملعقة 3 ومعلاق كبير من البسكويت.

l) اخزيي أكواب المعكرونة والجبن لمدة 15 دقيقة، حتى تصبح فقاعات ولوجة.

المكونات :

- 1 طل من معكرون علبة كلا عج
- شة لحمة وفلفل أسود
- 12 أونصة من الجن من الأملاح ريكي الأبيض
- 8 أونصات من جبنة الشيدر ، حاد غلاية
- 6 ملاعق كبرق. ذزة دة غرم ملحة
- 6 ملاعق كبرق. من الدقيق لجميع الأ غلا ضر
- 4 أكواب حليب بكامل الدسم
- 2 ، 8 أونصات من الطماطم والفلفل الأخرز ، مقطعة إلى مكعبات
- 1 ، 8 أونصة علبة فلفل أخرز ، خفيف
- كوب من أوراق الكرز وقطع طازجة ومقطعة خشنأ
- 1 كوب من قائق التورتيلا ، مسحوقة
- ½ ملعاق صغرق. من مسحوق الفلفل الحار

تاميلعت

a) أوّلًا، سخّني الفرن إلى 425 د جو.ة

b) أثناء تسخُّن الفرن، طُطِّها المعكرون في قدر من الماء عاملًا وفقًا للإرشادات الموجودة على العبوت. جمد و طها المعكرون، صفيها وترِكها جانبًا.

c) في الخلط، وعاء متوسط المجحم، أضيني الجُبن الأملس وجكي الشيدر. قلبي بجيد الميد.

d) جمد و ضع فرن هولندي كبير على نار متوسطة. أضف ال زبد قدة المحلمة. جمد و ضيني الطها في المدقا 1 دقيقة. أضيفي الدقيق، ذوبان لا زبد قدة، أضيفي حتى تتصبح عجمة طوها المدقا 8 دقائق أو حتى تصبح قولمة كثيفة. استمر في طها المدقا حتى تتصبح جحب الم جزه. اخفتيم خاوفتيم المم الجزء.

e) أضيني الطماطم المعلبة والفلفل الحار. طُطِّها لمدقا دقيقتن قبل لعادة من النار.

f) أضيني 4 أكواب من خليط الجبن فوقلي الجيد المَّيد حتى تتصبح عجمّة في المَّسانتق.

g) أضف المعكرونة المطبوخة و الكزن. قلبي المم الجزء المَّيد وتبتلي مع وشه حلمة أضف فلفل أسود.

h) انقلي المذا الم جزء إلى طبق خزق كبير مدهون بالزدقة.

i) أضيني قائق التوبلا، ومسحوق الفلفل الحار، وكوب الجبن المتبّتي في وعاء صغر. قلبي الم جزء المَّيد وسيئرو فوقه وجه المعكرون.

j) ضوع في الفرن لتخزبن المدقا 12 إلى 15 دقيقة.

k) دُعّ وقُّدمهم مع مقبلات من الكزن و.ق

51. ريور جة ةنبجو ةنور كعم

المكونات :

- 1 طل من معكرونة الكع عج
- 3 أكواب جبنَ جروير مبشوق
- 3 أكواب ذرة نصف
- 4 أصفار بيض كبرى
- 3 علاقق كبيرة. ذدة غرمة ملحمة
- أندفاعة من الملح

تعليمات

(a) أوّلاً ، سخّني الفرن إلى 325 دجة.

(b) أثناء تسخين الفرن، ضعَ قدراً كبيراً من الماء على المحلمع على نار متوسطة إلى عالية. أجلب الماء غليان و جمد. أيضاً ، المعكرونة. خبطها بحسب إلا رشادات الموجودة على العبوب. جمد و أن تنضج ، صنّي المعكرونة واشطفها تحت الماء المكبير. واع في هي وضعيها وصفيهي اجلرا.

(c) أضف 2 و 2/3 كوب من جبن Gruyere في اللوعاء مع المعكرونة المطبوخة. قلبي المزج.

(d) استخدم وعاء صغر وأضف فصف الصنف. أصفار البيض الكبير و 3 علاقق كبيرة. أقلبي الملح المزيج المَديج سُكب المزج فوق المعكرونة بالمذبا. قدزة من الزبد كبرية من المطبوخة.

(e) أنقل الذهل إلى الخطيل طبق خرن كبير. غطيها بوق من قائق من الألومينيوم.

(f) ضعه في الفرن ليختزن لمدة 30 دقيقة. بعد ذه الوقت أخ جيه تبق المعكرونة من الفرن. يذر Gruyere المتبقي على المقلاة.

(g) ضعيها م قرى في الفرن ليختزن لمدة 20 إلى 25 دقيقة أو حتى يصبح السطح ذهبيًا.

(h) أخ جيها وقدميها على الفرور.

52. معكرونة وجبنة بالدجاج

يجعل: 4 حصص
إجمالي وقت التحضير: ساعة و 20 دقيقة

المكونات :

● 3 ملاعق كبيرة. زيت ذرة ممحلة
● 1 ملعقة صغيرة ملح البحر
● شوة من الفلفل الأسود والملح
● نصف فص طماطم بستانيين
● 1 ملعقة كبيرة. زيت لا زيتون البكر الممتاز
● 1 ملصقة صغيرة مقطعة ناعمأ
● 1 كوب جبن موزاريلا مدخن مبشور
● 1 1/2 كوب دجاج مشوي مطبوخ جيدًا مقطع
● 1 كوب جبن ابرجيانو وبارجيانو مبشور
● 1 ملعقة كبيرة. من إكليل الجبل الطازج المفروم أو الريحان والزعتر المفرومة خشنة
● 3 ملاعق كبيرة. من الدقيق لجميع الأغراض لرش
● 2 1/2 كوب دقيق بماكل السمم
● 2 فص ثوم

تعليمات

a) أولاً ، سخّني الفرن إلى 450 د. أثناء تسخين الفرن ، ادهن طبق خزف كبير.

b) ضع قدرًا كبيرًا بالميناء مليئًا بالماء على المجلح على نار متوسطة إلى عالية. جمّد و غلايان عامل م. في درجة معكرونة بيبة. أيضاً هطيه إلى مدة 11 دقيقة أو حتى تنضج المعكرونة. م قو واحدة صُعّن المعكرونة و صني عامل الماء. و صني أخى ق م معكرونة إلى وضعيها، نيدة. وعاو كبير في.

c) ضع مقلاة متوسطة على نار متوسطة. أضيني زيت النوتن وجمد و أن يصبح. 10 مدمة هطيه. و رشّح حلمة الصبح لصبا الربح ، أيضاً بدء بالمُحاس كجوافية ، أضيفُ فاضاً البصل إلى البصل لطوّط يذهبي، أيضًا دقائق أو حتى يصبح البصل الملز ج.

d) أيضين بجنبة المووارو والدجاج المشوي ثلثي كوب من جنّن الماء والكليل بيلي ملز ج. وعاو المعكرونة والبصل في جخ الطاب الكبل. قلي ملز ج.

e) استخدم قدر متوسط المجلح وضعيه على نار خفيفة إلى متوسطة. أضف. بجمد و ذوبان الزد، أضف القديق معتدد لغلا ضر. ضر يذهب الحليب متسم في يو مدة 3 دقائق أو حتى تصبح. ثم أيضاً الحليب ناعم. ثم ناعم تصبح حتى الخفق الملتخيديق.

f) أيضاً نيصوص صوص الموث و 1 ملعقة صغيرة من حلمة الربح. بقلب الملز ج وترك. أخفض حلا إلى إلى قرل جود منخفضة متمسم في رمتمر. أثناء الطهي هيأ ائدة. خادئه على نار ج كيفية الملز ج يصبح حتى الخفق بقلى فصوص الموث أيضين. ملوقام. إلى الصلصة أضيفين الموث فصوص يلى تخفق حتى يصبح الملز ج كثيف. في القلوم.
المعكرونة.

g) ابتدل مع اندفاعة من الفلفل. قلي المعكرونة لتغليفها.

h) انقلي الملز ج إلى طبق الخزف المدهون بالزد قدم.

i) شيء بقاب في بجنبة الماء والزان على يلى الجوه بتهيليبه بقديلي من الفلفل.

j) توضع في الفرن لتختمر لمدة 12 إلى 15 دقيقة أو حتى يصبح هذا أ. ثم أولا. وتركها لمدة 15 دقيقة قبل التقديم.

53. كام لي يشذ ن جاط

المكونات

- 1 كوب مكرونة غير مطبوخة
- 2 طل من الحلا المفروم قليل الدهن (90% خالي من الدهن)
- 1 بصلة متوسطة مفرومة
- 2 فص ثوم مفروم
- 1 علبة (28 أونصة) طماطم مقطعة ، غير مجففة
- علبة واحدة (16 أونصة) فاصوليا ، مغسولة ومصفاة
- علبة واحدة (6 أونصات) معجون طماطم
- 1 علبة (4 أونصات) فلفل أخضر مفروم
- 1-1 / 4 علاقة صغيرة ملح
- 1 ملعقة صغيرة من مسحوق الفلفل الحار
- 1/2 ملعقة صغيرة كمون مطحون
- 1/2 ملعقة صغيرة فلفل
- 2 كوب من مزج الجبن المكسيكي قليل الدسم مبشور
- بصل أخضر مقطع قيق ، اختياري

الاتجاهات

a) اطبخ المكرونة وفقا لتوجيهات المجموعة في .هذه الأثناء ، في مقلاة كبيرة غير مرغ
 تطبخ المكرونة حتى يتلاشى اللون الوردي على نار متوسطة .ثم يطهى المحلا القبل والبصل ولوثوم حتى تتلاشى الصلصة ، أيضا الطماطم والفاصوليا الوي .بألوع ؛ افتات إلى المحلا مكسرر إلى أي يؤدي امم ، الوهي يخلط إلى أضف إلى المكرونة فتزتن .استز الفلفل والحار والتوبل .ومعجون الطماطم والفلفل القبل المحلا وي.

b))خبط الطلا ذاف بطي مغمن لخرز قبط 13x9-in. قدل إلى .

c) شري ؛ فشك .ققيد 25-30 ، تاعاقفه حبصيدي حة جو د 375 إلى ع نزخن طي غدي
 ضيع ، كلذ في تبغو اذإ .لوطأ قئاقد 8-5 قدمل ، نجلا بوذت حتى اهزيهج اخ .نجلا صرخأ لصبلا حلش رشلم اهقوف.

54. فوشو خلو خنابسلاد ىجلاو كام نزخ

تانوكم

- 6 علاق كبير ز دق محلمة بدجو ة ح لرق ةفو غلا إلى إفاضلإاب ة لمدنز ملا لى إ نهدلل
- عبلة ة واحد (1 طل) من ةنوركعملا ةرصقلا ، لثم ةنوركعملا
- 2 بوك يلح بماك لماك ل دسم
- 1 بيعك (8 تاصنوأ) ةنبج كميرة ، ةبكعم تا
- 3 ولاكأب ث ش ن رديش شربم رو
- محلكج وشرب رفلفو نوحطم طاخ
- فلفل ربح فطحم نون
- 2 بوك سبانخ طازجة ، مفرومة
- 1 بطمان (8 تاصنوأ) خ ش وف بتمل ، مص ّن ىمو فمور أ ش شخنأ
- 1½ بوك تسكسدب تزري نوحطم (حولي 15م)
- نصف ملعقة صغيرة من محسوق ثموم

تاهاجتلاا

(a) سخني الفرن إلى 375 د وجة هفة جاهي. تادهن طبق خبز 9 × 13 بوصة.

(b) أضيفُ. ةيلاع راز ىلى عليغ محلملا نم بولاكأ نم زرح 4 مص رز ، قربك ردق في سىجلاب بيلحلا فاضيُ .قئاقد 8 ةدمل رخلآ نى من نم كوربح تحلاا عم ةيهطُ ةنوركعملا قئاقد 5 لى حولا ، ةيفصذ ةنوركعملا حبصتو ميروكلا سىجلاب نوذيذى ديهىطُى ميروك ى رخأ.

(c) ن عفر ردقلا ن نع رانلا قلبمب 2 بوك من نىج رديشلا و 3 علاق كبير نم لزدلا قدة .اذإ ت رعش نأ ةبتي لملاب لفلفلو حلا في .فوشوخ خنابسلا فاضيُ إذاً .ك ةفيثك دّجلا ، ف فصن كبوك من حلا ى بيل أضفأ اهفيفختل.

(d) اقنل طيلخلا ىلإ قبط زخلا زمجُهملا. ضع فوقه الكوب متبتيم من نىج رديشلا.

(e) قحسوم ةدنز قربك علاق 3 عم تيوكسبلا طيلخا اخلط ، متوسطة ةعاو في نىجلاو ةنوركعملا ىلع ياوسوتسالاب تاتفلا ثيت .ثوملا.

(f) اخزن حتى تصبح صلصلا فةعاقتفا تاتفلاو ذهبية ، حولي 20 قيقد .تريدكل اهري ماعط في ةمره ماماع ياقدب ني زختُ خ نأ ىأ مق مقدمل. وقدم قئاقد 5 ةدمل خنز ملغلا قلغم محكم عاو في .ةبصلل ى لإ 3 ماياأ.

55. مونتري ميني ماك والجبن

مكونات

• 8 أونصات مكرونة من القمح الكامل
• نصف كوب جبنة مونتيري جاك مبشوق
• 2 كوب ماء

الاتجاهات

1- ضعي المكرونة والماء في قدر الضغط. يُغلق الغطاء ويُطهى على حرارة منخفضة. قم بتحرير الضغط بعمق ، وقم بتصفية المكرونة. دقائق على درجة 8 إلى حل الضغط.

2- قلّي الجبن وطهيه على نار عالية لمدة 30 ثانية حتى يذوب. معلقة برش السلطانيات للتقديم.

56. معكرونة بالقرع وقرنبيط وكريم

المكونات :

2 كوب وهرات القزابيط

1 أونصة جبن أمريكي ، مقطعة إلى قطع

3/4 كوب حليب جوز الهند

1 كوب جبن شيدر مبشور .

8 أوقية من المكرونة .

2 كوب وهور الركيل

3 أكواب ماء

12 ملعقة صغيرة ملح

الاجتاهات:

1- ضعي الماء والمكرونة والقزابيط والركيل والملح وعاء في حتضار عير الل معير
وقلبي جيداً.

2. احكمي إغلاق الوعاء بالغطاء وطبخه على نار عالية قدمة 4 دقائق.

3 حرر الضغط باستخدام ما طريقة التحرير عير معير بعداً من ختح الغطاء.

4. ضع وعاء التحضار الفووي على عل ضوء متوسطه. أضف الجبن أملأ وحليب جوز
الهند وجبن الشيدر. يقلب جيدا وطهيه قدمة 5 دقائق.

5. خدمة ولستمتعه.

57. كام لي بيشت سي يابس

مكونات

2 كوب مكرونة كة مع القمح الكامل مثل غ المطبخ
1 رطل ديك رومي مطحون ط يري
1 بصلة صغيرة مفرومة
2 إلى 3 فلفل هاالبينو، مبذر ومفروم
2 علامق صغيرة زيت زيتون
2 فص ثوم مفروم
علبة (15 أونصة) من الفاصوليا السوداء، مغسولة ومصفاة
1 علبة (14-1 / 2 أونصة) طماطم مقطعة غرم مجففة
1 علبة (8 أونصات) صلصة طماطم
1-2 علامق كبيرة من صلصة الفلفل الحار
2 إلى 3 علامق صغيرة من مسحوق الفلفل الحار
1 ملعقة صغيرة كمون مطحون
1/4 ملعقة صغيرة فلفل حريف
1/4 ملعقة صغيرة فلفل
3/4 كوب جبن شيدر مبشور قليل الدسم

اتجاها

قم بطهي المكرونة وفقًا لتوجيهات العبوة. في هذه الأثناء، استخدم قدر الطهي هي
قم بطهي الديك لصبلو ونيبلاها في مهيها وتز يت ال عيض مث الصقة، مرغ كبرية قلاقم ف يغتلا
خبطت موثلا طي لخا. ي وول ال نول الا إ محلال نول ل ول وتح ي تح متسوط راز ى لع ي مور ال
أضًا. ل وط أ ةقيقد قدمما
للاس. ايلوصافلو مطامطلا مطامطلا ةصلصو لفلفلا ةصلصو ل بل وتلا ي نيضأ
ةطسوتم راز ى لع ق قئاقد 5 قدمما هي طُي مث. ي مور ال كيدلا طي لخا ى لإ هفضأ ةنور كعملا
.اًمامت ن خسيدي تح وأ ةضضفخنم
غرابا نُجلا نصفِ لص نع ن لحا ل وق أ مث غيميط وتر كل تح ي تح ذوبي بونجلا.

التقديم: 4 حصص

مكونات

2 كوب مكرونة غرة مطبوخة

2 كوب ماء ساخن

1/3 كوب ذرة ، مكعبات

1/4 كوب بصل مقطع

3/4 ملعقة صغيرة ملح

1/4 ملعقة صغيرة فلفل

1/4 ملعقة صغيرة خردل مطحون

1/3 كوب دقيق لجميع الأغراض

1/4 كوب حليب

8 أونصات من الجبن المطبوخ (فيليتما) ، مكعبات

الاتجاه

قم بتسخين المكرونة في الماء المستخدم من آمن طبق. في 2 كوب. في الأولى ضع المكونات السبعة المكونات ج ما إعداد. ويقلب. دع يغور 3 دقائق. عالية مدة 3 دقائق. وضعه على طاق عالية ووضب المكرونة فوق ؛ 50% على طاق ووضع المكرونة طبخ. يُطهى حتى الغليان، حوالي 3 دقائق. الغطاء وضع المكرونة حتى يصبح الدقيق. أضف الجبن. خلط الحليب والدقيق حتى يصبح جزء المعان. ضع الغطاء من أق و أخ و وضعه على قوة عالية حتى. تنضج المكرونة وتغلي الصلصة ، 6-8 دقائق. قلب كل 3 دقائق.

مكونات

- بعوق وحدق (7-1 / 4 أونصات) مزح عشاء من المعكرون والجبنى
- 6 أكواب ماء
- 1 طل لحم مفروم
- 1 بصلة متوسطة مفرومة
- 1 حبة فلفل أخضر صغيرة مفرومة
- 11/2 كوب جبن موزاريلا مبشور جيدًا مقسم
- 11/2 كوب جبن شيدر مبروش مقسم
- 1 جر قٍ (14 أونصة) صلصة مزتيرا
- 1/2 كوب دبري بورين مقطع

اتجاها

ضع يكسر الجبن من خلطة العشاء جانبًا. اغلي الماء في قدر. أضف المعكرون وطهيه. حمدق 8-10 دقائق ، حتى ينضج.
يُطهى الفلفل الأخضر والبصل والمحم في مقلاة كبيرة على نار
متوسطة حتى ينتخدي اللون الوردي ؛ يُوزع ذلك في قوعٌة.
متوسطة حتى ينتخدي اللون الوردي ؛ يُضغ ذلك في قوعٌة. لقد أُلى جوا 1-2 2-كويو
استخزف المعكرون والقبلب مع محتويات قوعب الجبن. يُشوى نصف كوب جبن شيدر ونصف كوب جبن. تطبق خزن مغطى بالدهن. ضع البيريني وصلصة البيتزا ومزج المحلم قبلي وأقايا الجبن فوقها.
اخبز ها بدون غطاء لمدة 30-35 دقيقة على 350 د وجة ، حتى يسخن المَيج.

تانوكم

عبوق وحدة (16 أونصة) معكرونة كة أو معكرونة فوسيلي
6 ملاعق كبيرة زبدة ، مكعبات
1/2 كوب دقيق لجميع الأغراض
4 أكواب 2٪ حليب دافئ
4 أكواب جبن جروير مبشور
2 كوب جبن شيدر مبشور شديد الحدة
2 ملاعق صغيرة ملح
3/4 ملعقة صغيرة فلفل مطحون طازج
1/4 ملعقة صغيرة من جوز الطيب المطحون طازجا
11/2 كوب بقسماط بانايني) بقسماط مطحون
1/2 كوب جبن بارميزان مبشور
2 ملاعق كبيرة زبدة ذائبة

هاجتا

جضنت حتى معكرونة تحت طهي المعكرونة ، لمدة 6 قدر في . في درجة 350 للاستخدامن . اضبط الفرن على موضع على العبوق . استنزف العامل الصب م خ أو ق في أي قدر . ركقدلا كما هو موضوع على العبوق . ما ح القيقد حتى تتوسط على نار كبيرة ردق في قدزة على كبيرة من للداز من ذوب 6 ملاعق كبيرة من ذذوب ب . في الحليب الدافئ . الاا بالخليط لغلي؛ كثر من في التحوك في مكرك من . أضيطان القدر بلقيط وطهي حتى تكاثف ، أو لمدة 2 إلى 3 دقائق . اصبح جعاماً . أطف الحرل . قر . مُيُ جوج جبن الطيبا بالفلفلو لملحن وجن الشيدر جبن Gruyere. ما معكرونة . مُ هم الجيد لتغطي . اطفئ الحرل . قر ما الخزن حتى يتم فتح تاتا مُيُ . طبق كرونة في قطبخ درن زكبتلا تمقاس 13 × 9 صوبة . سكبُم جزء معكرونة في طبق الخزن دون تدغيطه . في وج الباريزان وقلبُ ؛ بعبش فوق قوف الطاجن . رشعب درن الخزن مع لا زنقد المذابة وجن الاباريزان ؛ بالقلب، أو لمدة 30 إلى النولن البنيهي ، حتى تظهر الفقاعات وتحتوي النولن إلى السطح النولن البنيهي ، أو لمدة 30 إلى 40 دقيقة .

مكونات

2 كوب مكرونة غير مطبوخة
1 علبة (12 أونصة) حليب مبخر قليل الدسم
11/2 كوب حليب خالي الدسم
1/3 كوب زبدة بديل
1 ملعقة كبيرة زيت ذائبة
8 أونصات من الجبن قليل الدسم (فيلفيتا) ، مكعبات
2 كوب جبن شيدر حاد ، مبشور ، مقسم
فلفل مطحون خشن ، اختياري

اتجاهات

اطبخي المكرونة بتباع تعليمات العبوة ، ثم صفيها واغسليها بالماء البارد .اخلطي الزبدة مع بديل الزبد والحليب، والحليب المبخر في وعاء كبير. اخلطي المكرونة غير المطبوخة مع 11/2 كوب جبن شيدر حاد وجبن مطبخ.
مع 11/2 كوب جبن شيدر حاد ووزعي الغطاء على المزيج ، وطهيه لمدة 2 إلى 3 ساعات على نار هادئة حتى يذاب الجبن وشوي بقايا الجبن .وحلقة م طلخو ، طسوالا كمساميت حتى تسمك اسعة 3 لترل. بطخ بديع سعة إلى انتقل.
الشيدر الحادة والفلفل المطحون (اختياري).

مكونات

2 ضيضة كبيرة ، مخفوقة قليلاً

4 أكواب حليب بكامل الدسم

1 علبة (12 أونصة) حليب مبخر

1/4 كوب ذرة مذابة

1 ملعقة كبيرة دقيق لجميع الأغراض

1 ملعقة صغيرة ملح

عبوب واحدة (16 أونصة) قشور بسكوت صغيرة

1 كوب جبن فورلون مبشور

1 كوب جبن مانشيجو أو مونتري جاك المبشور

1 كوب جبن شيدر أبيض مبشور

8 قطع لحم مقدد مطبوخة ومفتتة

تاجها

اخفطي المكونات السائلة الأولى في وعاء كبير حتى تمتزج. ما جح الجبن والمعكرونة.

صب في طابخ بطيء 4-5 لتر.

ضع الغطاء وكريها على نار حتى هادئة تنضج المعكرونة ، لحوالي 1-3 / 2 ساعة.

أطفئي الطباخ البطيء ، اخرجي جح الخليط. ات كريها دون غطاء لمدة 15 دقيقة قبل الأكل.

يرش لحم الخنزير المقدد.

مكرونة

عبوة واحدة (16 أونصة) معكرونة مجوفة مطبوخة
5 ملاعق كبير زبدة مقسمة
3 ملاعق كبير دقيق لجميع الأغراض
2-1 / 2 كوب 2٪ حليب
1 ملعقة صغيرة ملح
1/2 ملعقة صغيرة مسحوق لصبد
1/2 ملعقة صغيرة فلفل
1/4 ملعقة صغيرة بودرة ثوم
1 كوب جبن موزاريلا مبشور مزين بالسدم جزئيًا
1 كوب جبن شيدر مبشور
1/2 كوب جبن جوجون زولا مفتت
3 أونصات جبنة كريمية طرية
1/2 كوب كريمة حامضة
1/2 كوب بقسماط متبل

اتجاه

ذوب 3 ملاعق ، كذلك في غضون ذلك .اهيفص مث ةنوركعملا هيلط ىلع البعوق تعليمات تبعا اماع نجز المحبص يتح قيقدلا ةيضأ .ةفيفخ رانلا ىلع يدنلوه نر في قدز .ربك كبير .عطبيد بيلحلاو لبولتلا ميفخا مث ،
نتقيقد قدمل ، كماسكتي ىتح كوَّحويُ هيطيُ مث ، رمتسملا كيرحتلا عم جزملا ىلغيُ قة.ابيرقت

ثم ضع المعكرونة ، ثم الكريمة الحامضة .أيضًا ذوبًا حتى نجلا يلقو رانلا نيفخ
راز ىلع ةريغص ةلاقم في ةيقبتملا ةدبزلا نخسي .اديج ىطغتي ىتح بيلقتلا عم
مع الإبن نولا ىلإ اهنول لوحتي ىتح بلقو اهوهطلن مث ، نزخلا تاتف عضن ةلدتعم
اهذيه ، مث ذرش قوف المعكرونة.

مكونات

بيض ولحدة (16 أونصة) معكرونة كة ع
1/3 كوب دقيق لجميع غلأ ضر
1/2 ملعقة صغيرة بودرة ثوم
1/2 ملعقة صغيرة فلفل
1/4 ملعقة صغيرة ملح
2 كوب صف ونصف خالي من الدهون
2 ملاعق كبيرة زندة
2 كوب حليب خالي الدسم
3 أكواب جبن شيدر قليل الدسم مبشور

اختياري:

2 ملاعق كبيرة زندة
1 بصلة متوسطة مفرومة
5 أكواب خبز مكعبات
1/2 كوب جبن شيدر مبشور قليل الدسم

اتجاه

اتبع التعليمات الموجودة على علبة البوق الطاهي. سخن الفرن على حرارة 350 درجة. اضبط الطبخ حتى يصبح المزج المطهوّ، الأثناء ، في هذه المعكرونة. صنع من العامل في المعكرونة. المزج جاهز طعامًا ونصف القديق والبودرة في وعاء الخلط. مع طبخ المقدم على نار المزج بقلب. اخفي في خليط الصنف ونصف القديق. اخفا في قدر كبير، متوسطة على حرارة الروف. التقليب في استمر حلوب. باعتداد عن حلو الرق حتى يغلي. اقلاع في الحليب. ضع في 13x9-in. جيد. خنطط المعكرونة ضيف حتى يذوب. قلي الجبن حتى قلاع في الزندة ضع المطبقة إلى الزندة إضافة في بغت تكنذت اذإ المشحوم. الخلط يدلي حتى ليصبح بالقلب متسام لر يدلي. ضع الصبر إلى أعلى. على حرق متوسطة إلى أعلية المعكرونة على ديوا واستبلاي ابهيغو. إضافي دقيقتي إضافتين. مكعبات الخلط من مع بالقلب مدما دقيقة 30-25 ، خنزت حتى خسدن؛ لا تغطي. اهقو فونجن شيء ورئيس الجن.

65. غروب مشيرد كام ولجن

مكوناتت:
- 1 كوب نصف
- 1 طل جغن غرور ، مبشور ومقسّم
- كوب قدسمات محنك
- عود ذرة غرم ممحلة
- ¼ كوب دقيق
- بايوجيون وجيانو حسب ال غبة
- 1 طل من المعكرون المطبوخة
- زيت الزتون
- 1 طل جغنش شيدر أبيضّ مبشور ومقسّم
- 3 أكواب حليب
- وشة من جوق الطيب
- ملح وفلفل محطون طاخ حسب ال غبة

تعليمات
(a) .خسخن الفرن عل ى 375 دوجة.
(b) ذوب الزدة ف ضيف الدقيق وخفق حت ى تميدج لوج ألمدية ت ى تصنعو الرو.
(c) ُيضاف الحليب بطء مع الخفق باستمار لمدة 5 دقائق حت ى تغلي الصلصة. وتكثاف.
(d) أضف النصف ف النصف وطهي الفلتّقرة طول ألايلق حت ى يصبح مسكيمام ق أخ ى.
(e) ا وفيع عن النار ضيفين الحملج والفلفل وشة جوق الطيب واغليبة جنبة. شيدر البياضا واغلوج ما حك ل شئء ى يتدياجنس.
(f) ُسكب الصلصة في المعكرون تُحتّكً. وزيع فوقها ما تبت ى من غرور وجن. شيدر أبعد ضضا وجيانو وفوقها حسب ال غبة.
(g) شيئ فتات الخبز خاوزيجها المدة 20 دقيقة أو حت ى يصبح الوجه أَينب أَيبهذيا. وتحول الصلصة إل ى فقاعات.

66. روماتاش مكرونة و جبن

مكونات

- 1 كوب كريمة خفق ثقيلة
- 1 كوب شاتا
- 1/4 قطعة جبن موزاريلا مبشور
- ¼ كتلة جبن القشقوش المبشور
- ¼ كتلة جبن الجميل المبشور
- 1 أعواد ذرة
- 3 ملاعق كبيرة سكر
- ½ ملعقة صغيرة صفعة يا ماما
- 3 ملاعق كبيرة خل
- نصف ملعقة صغيرة ثوم
- كيس 1 بودرة من المعكرونة الكبيرة

تعليمات

a) يُغلى الماء ويُتبل بملعقة كبيرة من الملح. أضف المعكرونة.

b) اسلقي المعكرونة في الماء حتى تنضج، ثم صفيها وتواصلها كريما جانبًا.

c) الكمكونات المتبقية في قدر كبير.

d) يُطهى على نار المواقد على درجة حرارة متوسطة لبضع دقائق.

e) يُقلب باستمرار لمدة حتى يذبح جيدًا معًا.

f) يُسكب مزيج الجبن فوق المعكرونة ويُمزج حتى المزيج.

g) ضعي في طبق الطهي، وزعي الجبن فوق المبشور، وغطيه، ضعي في طبق الطهي على 375 د لمدة 25 دقيقة على وجه.

h) قم بإزالة الغطاء واطهي إلى العود ومدن الفرن لمدة 10 دقائق أخرى.

i) ترك قبل التقديم.

j) إعتمتيد

مكونات

1 ملعقة صغيرة حلم كوشر بلغي لعمل الكرونة
1 طل من سابتم الكا مع غر بطمخوبة
4 ملاعق كبيرة زذدة غر ممحلة
2 ملاعق كبيرة دقيق لجميع الأغلض لضر
1½ كوب نصف
1 كوب حليب بخمر
4 أونصات جبنة كريمة
8 أونصات جبنة جودة، مبشوق أو مكعبة
8 أونصات من جبنة هافارتي، مبشوق أو مكعبة
1 ملعقة صغيرة حلم كوشر أو حلم تول أو حلم كوشر عادي
1 ملعقة صغيرة باب ريكا مدخنة
1 ملعقة صغيرة مسحوق بصل
1 ملعقة صغيرة بودرة ثوم
ملعقة صغيرة فلفل أسود مجروش طاجّا
8 أونصات جبنة شيدر حاد، مبشور
4 أونصات جبنة موزاريلا مبشوق
4 أونصات من جبنة كولبي جاك، مبشوق

الاتجاهات

سخن الفرن على 350 د جوة فهة يهايت.

اسكي حوالي 2 ملم من العامل و ضع شرائح الكوسر. يُغلى في قدر كبير على نار عالية، اسكي حوالي 2 ملم من العامل و ضع شرائح الكوسر. يُغلى في قدر كبير على نار عالية، اسكي حوالي 2 ملم من العامل. طاهي المعكرونة تحت تنضج (مطبوخة وكان في قدر كبير على نار عالية. اضف المعكرونة ثم، المعكرونة تحت تنضج (مطبوخة ولكن في مطبوخة تنضج تحت المعكرونة طاهي. ثم صفي المعكرونة واغسلها بالماء البارد. ثم صفي المعكرونة واغسلها بالماء البارد. هو أعد المعكرونة إلى إناء لا زال متماسكة)، ثم صفي المعكرونة واغسلها بالماء البارد. هو أعد المعكرونة إلى إناء الطرق وضعيها جانبًا.

شوي ذ ثم تمامًا تمامً الزبد. وذلك ايضني أيضاً ، ثم متوسطة نار على كبيرة أُقدحاً ضعي وصف صفي الحليب صفي ونصف ، ثم اسكي ديجم تمدّ جزّم حتى المكونات تخفي. القديق.

القديق. تخفي المكونات تحت متساوي يري في الطاهي عار متوسطة المقدة 3 دقائق.

والمبخر. تخفي المكونات تحت متساوي يري في الطاهي عار متوسطة المقدة 3 دقائق.

خذفض ضفان إلى إلى النار حوة د منخفضة، ثم اضيف ديضفي الجبنة الكريمية والجودة وافرتي.

خذفض ضفان إلى إلى النار حوة د منخفضة، ثم اضيف ديضفي الجبنة الكريمية والجودة وافرتي. ح حول الخليط حتى تذوب الجبنة وتصبح على لصحة صلصة ك مخ طيفة الطيفة. يذ ح حول الخليط حتى تذوب الجبنة وتصبح على لصحة صلصة ك مخ طيفة الطيفة. يذ خلطت حتى تمدّ جزّم الديم. تخلط حتى تمدّ جزّم الديم المسوق والفلفل. الملح حمل والبابريكا ومسحوق الصبلا لمسوق ومسحوق الثوم والفلفل. ثم حمل المسحوق الصبلا لمسوق ومسحوق الثوم والفلفل. تخلط حتى تمدّ جزّم الديم، ثم حمل قلبك حتى تمزّ جزّم الديم إلى إناء. اسكب نصف صلصة الجبن فوق المعكرونة في إناء.

اسكب نصف صلصة الجبن فوق المعكرونة في إناء. يُسكب نصف صلصة الجبن فوق المعكرونة في إناء 9 × 13 بوصة. ز يُسكب نصف صلصة الجبن فوق المعكرونة في إناء 9 × 13 بوصة. يُخبز طبق في قديق نزخ. اسكب نصف المعكرونة وجبنة في طبق خزنق بوصة، بعد ذلك. اسكب نصف المعكرونة وجبنة فوق كاجي الشيدر الحادد والموزاريلا و ولي جاك فوق المعكرونة وجبنة.

أيضني أيضاً من الجبن المعكرونة إلى طبق خزنق وضعيه في الخرن وقهه في الجبن المتبينية. أخرجي المعكرونة وجبنة من 25 إلى 30 دقيقة. أخري هيجها من الفرن وقت كريمها لمدة 5 أيضاً من الجبن المتبينية. أخرجي المعكرونة وجبنة من 25 إلى 30 دقيقة. أخري هيجها من الفرن وقت كريمها لمدة 5 إلى 10 دقائق قبل التقديم.

- 1 ملعقة زبدة نيوتن
- 12 كوب بصل مفروم ناعماً
- 2 فص ثوم مفروم
- علبة (14.5 أونصة) طماطم مهروسة
- 12 ملعقة صغيرة من الزعتر المجفف
- 12 ملعقة صغيرة ريحان مجفف
- حبة فلفل أسود مطحون طازجا
- 8 أونصات مكعبة ثورة كلا عج
- 21/2 كوب صلصة جهنم على طريقة موريني
- 1 طماطم مجففة مقطعة إلى شرائح مجففة 14 شنزا
- 2 علاق كبيرة جبن بارميزان أو ذبيتي زلان وربا أو ماسيو

هيطيو طيّ غيُو مولثو لصبلا فاضيُ. وطسوتم رار نزتي على تعني. سخني قلاقة كبيرة في المقلاة على نار متوسطة، مع الفلفل والملو مرّزع لا من مط الطماطم أيضاً. طيب طهو تقريباً تح يصبح طرياً. أضف الحلى قرى على ماهيكو رار هادئة بدون غطاء 10 قدما قدائق. 10 قدما ب حسب الغبقة. خفف على حل قرى وتلو اهيكو رار هادئة بدون غطاء 10 قدما قدائق. يُنزت طبق خبز 9 × 13 بوص صوة. يُنزت طبق خبز 9 × 13 بوص صوة. يُسخني الفرن إلى 350 د جو ة هفة زهياً. سخني الفرن إلى. اجلس جانباً.قدليل من ما لا نزت موضوع جانباً.

مع، قدر من العمل ليغمل الحلمجُ، طهي على رار متوسطة العالية. 8 قدائق، حتى تنضج، ثم أخلاً، حتى حن من مك وي حتلا خلان قبط طيلا إلى الخلان لقنا. القلبين نوري الطماطم وصلصة خليط الطماطم فيضأ خلان قبط طيلا إلى الخلان لقنا. زهجمُلا. ضع فوقها شرائح الطماطم، ثم بتهوية ة لا طيمحة لوح شرائح مكاح محيط الكرسولا. سيث جبنة البلا وزلان.

يُغيّ طي بوروق القصدير نزخيّو، واكشف. أشكلف الغطاء وسلم رمتر في الخلان حتى يُغيّ طي بوروق القصدير نزخيّو، واكشف. 30 قدما قديقة. يحتول نهوة إلى ا الملون البني نزبني الفاتح، لطأ أحل حدول 10 قدائق. مهيمدة على الفور.

تاانوكم

350 جرام مكرونة قصيرة
8 شرش مدخن ديكون معم قو (اختامي)
60 ج لم زدق
60 ج لم دقيق عادي
800 مل حليب
اندافعة من صلصة وسيستشر
1 معلقة صغيرة خردل ديجون ازيلجني
350 جرام جبنة شيد ريزاجدة للغلاية ، فلفل أسود مطحون طازجًا

لاجتاهات

احرص قدكرًا ربكرًا من العامل الممحل لقيألا حتى يغدي ثم ضع في المكرونة وعاء مع ربكلا حتى غدي لا مدع كتهلها فقط وكان مع الكثرمن لدغدة التقليب بالميَّد لضمان مدع كتهلها فقط حتى نضج جضنت كرتو نفصتُ مث ، انبُاج.

شاوي محل خلا زيريزغزمدل دقدح يتبصيح قم مَشوا ، اذاكذنتتسختدم.في هذه الألاتئاع ، قطاعهها إلى قصاصات تو كراجناابتب.

ثم دسكب لدقيق ونقلب أميد على حتى بوذ لا ردزة في قربك على تمطوسة ، ثم دسكب لدقيق ونقلب أميد على بالميلب هخنئ أيضي أراني يخني ، مع رواعن. حتى تشكل لكشت يحقيقة دقمدح ربكرة في زدة لا نابر المدقة ايجيم دتد بيلحلاب.باسمتم لرو في حتى تشتيت لا رو في الحليب.

أقلب حلا قرو م ىخأ ىلإ متوسطة تو كراهكت ثابتبات يغذيل احتمكل لوط لا تقوت ، حتى تكاكثف ، لحوي 3-4 دقائق.

اذإ ؛ الاطلا ىلع نساحطن قونذنت أن بجيدلا - قريغصلا ةقعلملا ةيابه في ألايق قوذن اذإ طبنحجمدلمدقة قيقة ىأرخأ وأ وحد لكلك. أطفئي ناري ىلقيمخلال لصصلاة ، كلذ ثدحت كلذ حدثت بطنحجمدلمدقة حقيقة رخأ ىأرو خلو ن كربم من لفلفلا لاسًاد.

أضيفي أيضًا المكرونة وسيستشر ريشارع خلو ، ثم بوذ حتى بيلقتلا مع نسجلا عراوأ ةثلاث ليوح ثيث المطبوخة قطع محل خلا ريزغ ددقملا ىلقيمح تمت جزج.

ضعي 6. زاغة ةملاع / ةحور م .ةيوئم ةجود 180 / ةيوئم ةجود 200 ىلإ نو فلا ينخس ةمدقملا نخاسلا نو فلا في اهزيهج اخا .ةيتبتملا ىخأ في اهزيهج اخا. ربطق لخادن ناهيثوو اهقوف نسجلا.روفلا ىلع اهميدق .يلغي نوللا يه ذهه حطسلا حبصيدصي حتى دقيقة ، 20-15.

- 1 رطل من التوفو ، متماسك - ديك الصفير
- 2 كوب جبن نبن شيدر 2 ضيضة
- 1/4 كوب كريمة ثقيلة
- ملح وفلفل - لتذوق النذوق البصل والثوم - حسب ال رغبة
- جوج الطايب - حسب ال رغبة
- خردل جاف - حسب ال رغبة
- حريف - حسب ال رغبة

الاتجاهات

1. صحني التوفو وجيد، الـمَديد مع التأكد من التخلص من صلابة الطوبة الزائدة، وتقطيعه إلى قطع صغيرة.

2. عاو في .(مقسمة ماجحأ الهلداعيا ما أو المقليةا سطاطبلا ةعاطق مدختسا) فاضتُو جـزـملا في وفوتلا عطق ـبلقُّ .اعَم ىنجلاو ةدشقلاو ضيبلا ىطـلخا ، لصفنم في ـزخرخُو نوهدم قرـطف قبط وأ قـزخ قبط ىلإ جـزـملا ـلقنُ .ةبغـ لا بـسح ـلبوتلا .أـيبيهذ أَينِدب هنون حـبصي ىتح وأ ةقيقد 45-30 ةدملِ 375

71. <u>ريزوتو فوم كام ولاجن</u>

تانوكم

- 16 أوقية زيبط ، مقطع إلى قطع جحمب مجحملا كعرونة
- 1 لطر من الفوتو ، متماسك - ديج التلصريف
- 2 كوب جبن نبش ريدر
- 2 بيض
- 1/4 كوب كمر ثقيلة جلمة فلفل - حسب ال غوبة
- البصل والثوم - حسب ال غوبة
- جوق الطيب - حسب ال غوبة
- خودل جاف - حسب ال غوبة
- حريف - حسب ال غوبة

تاهاجتلاا

1 صني التوفو والديج ، مع التأكد من التخلص من ال طوبة الزائدة ، وقطيعه إلى قطع صغيرة (استخدم قطاعة البطاطس المقليّة أو ما يعادلها مجاجهام مقستة).

2 في التوفو قطع بلقتُ. مَعم القشدة والجبن البيض اخلطي ، وعاء منفصل في المزج تُضافُ والتوبل حسب ال غوبة.

3 30-45 دقيقة 375 في زنخيُ نوهدم فطرق طبق زخ في أو طبق خزج إلى المزج يُفنقل دقيقة أو حتى يصبح لونه بنيًا ذهبيًا.

تانوكم:

- 1 ملعقة طعام زيت جوز الهند
- 1 جنيه ديك رومي مطحون
- ملعقة صغيرة ملح كوشر
- نصف كوب بصل مقطع مكعبات
- 2 سيقان كرفس مقطع إلى مكعبات
- ½ كوب فلفل رومي مقطع إلى مكعبات
- 4 أكواب م قرع جداح عظم (2 ك تون)
- 1 طماطن (16 أونصة) صلصة متوسطة سميكة ومتكتلة
- يمكن 1 (15-16 أونقية) الفاصوليا وليما محلا على قليلة الصوديوم ، مصفاة
- 1 (1.25 أونصة) خليط توبل للفلفل الحار
- 8 أونصات مكعكرون كلا مع
- 2 أونصة جبنة شيدر ، مقطعة إلى مكعبات
- 1 (8 أونصة) لا يمكن إضافة اللحم إلى صلصة الطماطم
- أوراق الكزبرة للتزيين

تعليمات

a) طهي الديك الرومي المطحون في قدر كبير على نار متوسطة إلى عالية. أضف الديك الرومي وطهيه باستخدام ملعقة خشبية لتفتيته ، طهي 3-4 دقائق. وتبل بالملح واخلطه في الملح.

b) أضف البصل والكرفس والفلفل ، وطهيه لمدة قدقتين إضافيتين حتى ينضج. يُغلى المزيج. أضف قرع الماء والفلفل والصلصة ومزيج التوبل. يُغلى المزيج ويُضاف الديك الرومي.

c) هذه في قدمه 8 دقائق مع احتك من حرخ. أضف المكعكرون في قدمه وطهيه ملعقة كبيرة. أضف صلصة الطماطم وطهيه قدمه في مكعبات صغيرة. طّقع إلى الجبن ، أثلائع ، والفلفل الحار مع الجبن وقدمي. دقيقة أخرى للتزيين بالكزبرة.

:تانوكم

- 12 أوقية معكرونة الكا عج
- 3 ملاعق خزت تزنوت
- 12 كوب بدصل مفرهم
- 14 كوب دقيق لجميع أغلا لرض
- ذصف كوب خ مرق غذائية
- 2/21 كوب من حليب الصوب الاداعي غرب المحلى
- 1 ملعقة كبرق صلصة الصوبا
- 2 ملاعق صغيرة معجون ميسو أبيض
- 1 ملعقة صغيرة خ ل وأصفر
- 1 ملعقة صغيرة باب اكورا حلوة
- 12 ملعقة صغيرة كركم
- 1/2 ملعقة صغيرة ملح
- 1/8 ملعقة صغيرة فلفل حريف مطحون
- 3 ملاعق كبيرة ذ امشق
- 1 كوب م رقو محلي ذبايت مصنع أو مشترقة من المتجر

نضَّج تُطهى اللحم كرون على عالية حتى تنضج في قدر من العامل اللغمي المحلج، تُطَّهى اللحم كرون على عالية حتى تُستطاع نضج في قدر من العامل اللغمي المحلج، ضع في ضع. تُصيَّر فلون إلى 375 إلى وجة هفة ناهيات. اسخني الفلون إلى نجاب. وتُرتُك لتصيَّر. حوالي 8 دقائق، كدًّا غصرًّلاهم من البنز في قدر بدسعة 3 لترًّ مع بنابه.

أضاف. تُسخني اللحم تقطع بكرة قريبة من اللحم من التزين على عالية متوسطة. تُسخني اللحم تقطع بكرة قريبة من اللحم من التزين في مجحل، تُغطي وتطهى المدق 5 دقائق أو حتى تصيبح طوا. أضافُ القديق والمخمر في اللحم مع التحرك المدق دقيقة. نخفي الغلايين إلى الرانل وجودة. بدون غطاء، هطوى الغلايئة، مع التحرك حتى اللحم مع الطاهي في رمتمر استمر. اسطي بيبيع في حلياب الصوبا. وخافمي بيتمي اطبي، منخفضة، أيضًا صلصة الصوبا والمزبور وخلول نصف معلقة صغرقة من. اكيو بابلا والكركم واللمحج لفلفل الراحل.

بلقيد. لوجوز ميديت حتى بيبليقتلا مع خلاضار قوم مع ق ذلا اشطي لخا، رغص عاوي في قوذت، الصلصة. تتكاكف الصلصة حتى التحرك مع وطهى الصلصة مع ق ذلا اشذ جزم اضبط التلبو إذا لزم الأمر.

ومن اخرز تات فتاه هيلاع ضع. لدعُمّل جانان الطاطا في طبوخة المطبوخة كرون الصلصة يُجح الصلصة المتبقية من التزين. ويشوى بالملعقة المتبقية من التزين. المعلقة الكبرى من المتبقية أخا هزيها حتى يصبح جزم المشاخ والتفلوت تحمر المدق 30 دقيقة تقر. المبرى قدميها عالي الفور.


:ت انوكم

- 12 أوقي ةمعكرون ةلاك ج

• حفن ةمتوسطة من السلاقبألون ق سوح ، تمت إلاة ةلسيقان القاسبيةوطقيعها
• 3 علامق تزي تون

- 12 ك وب دصبل أصفر فهمور
• 1 صف ثوم فهمور

• بحبة طاطس متوسطة ةجحلم من ني وك ودلاد ، مقرث قمة وقطعة إلى ثلرح بجحجم
14 ب وصة

• حلم فلفل أسود وحطم نوحطان اط جزأ
- 2 ك وب م قر ذبايتي مزنلي

• ذصف فصعلم ةصغرق رابي اكر احل وق

- 12 ك وب جاكو ومحمص صم غرم محلم

• 1 معلقة كرب قع صرم عصبر ميلا نوم اط خج

• 1 معلقة صغرق خ ود لدي جيد نون

• 12 ك وب فتاتث خزنز جاف

الاتجاهات

اطبخ المعكرونة على نار متوسطة عالية حتى تنضج في قدر من الماء المغلي المملح، حوالي 8 دقائق. قم بتجفيفها واتركها جانباً.

اطبخ السلق بالبخار لمدة 5 دقائق حتى تنضج. ضعه جانباً واتركه ليبرد. عندما يبرد، قم بعصر أي رطوبة متبقية من السلق واترك السلق جانباً. سخّن الفرن إلى 350 درجة. ادهن طبق خبز 9 × 13 بوصة بقليل من الزيت وضعه جانباً.

في قدر أكبر، سخّن ملعقة أخرى من الزيت على نار متوسطة. أضف البصل والثوم والبطاطا. وتبّل اللحم والفلفل حسب الرغبة، ويغطى ويطهى حتى تنضج الخضار، حوالي 10 دقائق. أضف أيضاً كوباً من المرق والكريمة ونصف ملعقة صغيرة من الملح والفلفل واستمر في الطهي دون تغطية حتى تصبح الخضار طرية. المدة. إلى الآلة اللحم وضعه جانباً من الرق.

اطحن الكاجو في خلاط على نار عالية حتى يصبح ناعماً. أضف مزيج للبصل والبطاطس والمرق المتبقي وعصر الليمون ولخدلو اللحم والفلفل حسب الرغبة. تذوق، اضبط التتبيل إذا لزم الأمر. ثم يُطهى حتى يصبح ناعماً.

ادمج الصلصة مع المعكرونة المخبوخة للسلق وطهوه على البخار ونقل إلى المجان. تدمج. رُشّ فتات الخبز وبالقليل من 1/4 ملعقة صغيرة بابر وأكرب. رُشّ بالملعقة الكبيرة المتبقية من الزيت. اخبزيها حتى تصبح ساخنة ولونها بين ذهبي، حوالي 30 دقيقة. قدميها على الفور.

75. معكرونة طماطم بالجبنة

- 1 ملعقة زبدة نيوتن
- 12 كوب بصل مفروم ناعماً
- 2 فص ثوم مفروم
- عبوة (14.5 أونصة) طماطم مهروسة
- 12 ملعقة صغيرة من الرّعز الا المجفف
- 12 ملعقة صغيرة ريحان مجفف
- حلم فلفل أسود مطحون طازجاً
- 8 أونصات مكعبة نورة كالا عج
- صلصة جهنمية على طريقة مورين
- 1 طماطم مجضجة مقطعة إلى شرائح جحجم 14 إنش
- 2 علاق كبيرة جهنم جهاذ وزلان ذبايتي أو ابا ويساو

هى طيّ وغيّ ثلو لصبلا فاضيُ. طسوتم راز نتزلا على عت ني خسي، كربق قلاقم في لفلفلو حلملو رّعز لا وم مطاطما نيضيُ. طا حجبصي تح ابّورقت قئاقد 10 مدق .قئاقد 10 مدق عاطغ نودب ةئداه راز على مهيركا هاد وتلق حلا ني خفن. ةبغ لا بسح ةصوبدر 13 × 9 نزخ قبطر تزنت. تيايهز هفة جوجد 350 إلى ني نفلا ني خسا. ابناجس جلحا .ابناجس عضوو تزنتلا ن م ليلبق.

عم، ةيلاع ةطسوتم راز على ةنوركمعلا هيطّ، حلمملا ليمغلا عاملا نم ردق في في ردقلا إلى دعلُو الدّيج نيّجصم ديصيُ. قئاقد 8 مدق، جضنتج تح، رخآلا ن ح نم لك وكتحلا نزخلا قبطر إلى طيلخلا لقنا. الديج بلقمن نيروملا ةصلصو مطامطلا طيلخ في ضيف .ةلوسركلا طيحم لوح حئلرش لا ةيوهتب مقو، مطامطلا حئلرش اهقوف عض. زهجملا .نالزو ابلا ةنبج سيث.

ىتح نزخلا في رمتسلاو عاطغلا فشكا. ةقيقد 30 مدق نزخلا نيّخُو ريدصقلا قوروب طّغيُ .روفلا على اهيمدق. قئاقد 10 ليلاو بحلو لوطأ ةدم، حتافلا ني بلا نوللا إلى هنول لو حتيد

76. كام من دلي بيشة

المكونات :

- 1 طل لحم مفروم
- ملح وفلفل أسود حسب الرغبة
- كوب بصل مقطع
- 1 ملعقة صغيرة ثوم مفروم
- بعبوة (14 أونصة) من الفاصوليا المحلا عل الكانة ، بعد تجفيفها وشطفها
- بعبوة (15 أونصة) من الطماطم والفلفل إلى مكعبات
- 1 علبة صلصة طماطم
- وعاء كوب مكرونة مجففة
- نصف كوب ماء
- 1 ملعقة كبيرة مسحوق فلفل حار
- نصف ملعقة صغيرة مسحوق كمون
- 1 كوب جبن شيدر مبشور
- بقدونس مفروم طازج خلال الـتـزيـيـن

الإتجاهات

a) يُضاف المحلا قبل إلى وي قدر إلى توسط مجحم عرغ على طهيه لمدة 10 دقائق أو حتى يصبح لون به نـيئًا. المسوم مع المحلا والفلفل الأسود.

b) قدلب الصبل لطهيه لمدة 3 دقائق أو حتى ينضج الصبل. مولثو لصبل وثوم.

c) صب المكونات المتبقية باستثناء البقدمون وجس ن الشيدر. يُغلى جزج ثم يُركت على حرار خفيفة لمدة 15 إلى 20 دقيقة أو حتى تنضج المكرونة. طبضما بالمحلم والفلفل والأسود.

d) يُرش جبنة الشيدر على لى الجوه ، ويُغطى القدر ويُركت على حرار خفيفة لمدة دقيقة إلى أن يتقيدن أو حتى يذوب الجبن.

e) طبق الطعام ويقدم دافئا.

المكونات :

- 8 أونصات معكرونة ألوان كلا غم المطبوخة
- 1 طل لحم مقدي مفروم ، محمر وصنعه
- اللحم والفلفل حسب الذوق
- 1 ق جر (14 أونصة) صلصة تيز لا
- بلء 4 أونصات من الطفار المقطعة إلى شرائح
- 2 ك وب جن من موزاريلا مبشور

تعليمات

(a) سخن الفون إلى 350 د جوة.

(b) اطهي المعكرونة حسب تعليمات العبوق وصنّعه.

(c) يتبل المحلي المطبوي المطبوخ بالمحل والفلفل. ضيف نصف المعكرونة في ق بطع خن مدهون سعة 2 لتر.

(d) ضيف نصف القبطة من المحلي المطبوي وصلصة البيتزا والطفار والجن. غطها بقية المعكرونة فوقها و كرر الطبقات. عرض

(e) غطي وخبز لمدة 20 دقيقة.

(f) أ ن ع الغطاء واخبز لمدة 5-10 دقائق أو حتى تذوب الجن.

78. مكرونة وجبنة مشكلة.

مكوناتك:

- 1 ملعقة صغيرة ملح كوشر غلي العمل كرونة
- 1 طل من بسات الكلا مع غرب المطبوخة
- 4 ملاعق كبرق ذردة غرب محلمة
- 2 ملاعق كبرق دقيق لجميع أغلا لرض
- 1½ كوب ونصف
- 1 كوب حليب بخر
- 4 أونصات من الجبن الكريمي
- 8 أونصات جبنة جودة ، مبشور أو مكعبة
- 8 أونصات من جبنة هافارتي ، مبشور أو مكعبة
- 1 ملعقة صغيرة محلح تولبل أو محلح كوشر عادي
- 1 ملعقة صغيرة بابريكا مدخنة
- 1 ملعقة صغيرة مسحوق بصل
- 1 ملعقة صغيرة بودر ثوم
- ملعقة صغيرة فلفل أسود مجروش طازجًا
- 8 أونصات جبن شيدر حاد ، مبشور
- 4 أونصات جبنة موزاريلا مبشوق
- 4 أونصات من جبنة كولبي جاك ، مبشوق

تعاميلت

a) سخن الفرن على 350 د جوة فهة زهايت.

b) اسكي حولي 2 لتر من العامل وضع ميلح الكوشر. اسكب در كبر على ليار عاية ، في مطبخ) طاهي العكمرون تحت تنضج حتى (بطيخو في العامل الغليان، ثم يُضاف العكمرون. اعد العامل تحت الهسلة وغلسهلا بالماء هو. ثم صني العكمرون وغلسهلا بالماء هو. ولكن ل ت لا كن متماسكة)، إلى الإناء وضعيها على الجانب.

c) ضع قدرًا كبيرًا على ليار متوسطة، ثم يضاف أيضًا. ذوب الزند ثم تمامًا من شر اخفت المكونات تحت تمزج الديج، ثم اسكي الحليب بصف ونصف اخفت المكونات تحت يري مستمر إلى ليار متوسطة لمدة 3 دقائق والخبر.

d) خفض النار إلى د جوة منخفضة، ثم يضيف الجنبة الكريمية والجودة وافرايتي. يري حول الخليط حتى تذوب الجنبة وتحصل على صلصة جبن كريمية طيفة. تخلط حتى تمزج الديج بالملح والبابريكا ومسحوق البصل لمسحوق الثوم والفلفل.

e) اسكب صلصة الجنبة فوق العكمرون في الإناء. قلبك لكل شيء حتى تمزج الديج ، يُصفف في طبق خزن 9 × 13 بوصة. ثم اسكب صنف م جزء العكمرون والجنبة في طبق خزن كذلك بعد. المسحوق الشيدر الحادة والموزاريلا وكو ايطالي كاجا فوق العكمرون والجنبة، أيضًا من المتبقي من العكمرون والجنبة إلى طبق الخزن وضعيه فوقه. يُكمية الجنبة المتبتية.

f) اخزي العكمرون والجنبة لمدة 25 إلى 30 دقيقة. أخ هيجم من الفرن ولتو كيها. أخزي العكمرون والجنبة لمدة 5 إلى 10 دقائق قبل التقديم.

المكونات:

- 1 كوب ونصف
- 1 طجل غن غرير بشور مقسّم
- كوب بقسماط متبّل (أو فتات خزن بانكو)
- عود زنجد غرة ملحة
- ¼ كوب دقيق
- بابجيون وريجنانو وحسب ال رغبة
- 1 طل معكرون ة الكا مطبوخة
- زيت النبون
- 1 طجل غن شيدر أيضاً مبشور مقسّم
- 3 أكواب حليب
- ثةمن جوق الطيب
- ملح وفلفل مطحون طاط خ حسب ال رغبة

تعاميلت

(a) سخّن الفرن عن ىلى 375 دوجة.

(b) ذوّب الزبدة وأضيف الدقيق وخفّق حتى يمزتجد ميدأ حتى لوجز ونعصىل الرو.

(c) أضيفُ الحلاب بطء مع الخفق باستمار لمدة 5 دقائق حتى يغلي الصلصة. وتكاثف.

(d) أضف النصف والنصف واطفئها وأطر قرّة الفرلها حتى ىصبح لأليا حتى يصبح خمىكا قو أخى ىور.

(e) أوفع عن النار وأضيفُ نصف الملح والفلفل وشورة جوق الطيب وأغلي بة جنة حتى ما كل شيء يتداجنس. الشيدر البيضاء والغرير.

(f) أسكبُ الصلصة في المعكرون ة وحتّوُ. وعزع فوقها ما تبّى من غرير وجس. أرشّ بعض وابيجيان ونيجانو وفوقها حسب ال رغبة. شيدر أيضاً.

(g) شّىث تفاتا الخزن ىوهيزها لمدة 20 دقيقة أو حتى يصبح اللوجة أينبذ ذهبياً. وحتول الصلصة إلى فقاعات.

يجعل: 12 حصة

مكونات

1 ملعقة صغيرة ملح كوشر مرشر لغلي المعكرونة

1 طل من باستا الكالا مع غرم المطبوخة

4 ملاعق كبيرة زبدة غرم مملحة

2 ملاعق كبيرة دقيق لجميع الأغراض

1½ كوب نصف

1 كوب حليب بمبخر

4 أونصات جبنة كريمية

8 أونصات جبنة جودة ، مبشوق أو مكعبة

8 أونصات من جبنة هافارتي ، مبشوق أو مكعبة

1 ملعقة صغيرة حليب توبل أو لبن مرشو كعادي

1 ملعقة صغيرة باب ريكا مدخنة

1 ملعقة صغيرة مسحوق بصل

1 ملعقة صغيرة بودرة ثوم

ملعقة صغيرة فلفل أسود جمرجروش طازّجا

8 أونصات جبن شيدر حاد ، مبشور

4 أونصات جبنة موزاريلا مبشوق

4 أونصات من جبنة كولبي جاك ، مبشوق

تاميلعت

.تاياهز هفة جود 350 ىلع نرفلا نخس

ىغبُي .سروكلا محل سيئر و عاملا نم رتل 2 لوحي لوح يكسا ، ةياع راز ىلع ربكر ردق في
في نكلو ةخوبطم) جضنت ىتح ةنور كعملا هيطا .ةنور كعملا فاضيُم ثم ، نايلغلا في عاملا
لا ث ل لا (ةكسامتم لل) ، ثم يصن ةنور كعملا ةلسغلاو .ه ابلا عاملاب ىنان ىلإ ةنور كعملا دعأ
.ئابناج اهيعضو قو ملا

عي ضم اًدق ىربكرا زا ر ىلع ، ثم اًضيأ نيزلا .بوذي ىتح ةمامتا ىدق ثم ز ن روش
قيقدلا .يفخت تانوكملا ىتح جزتمت ميدلا ، ثم يكسا ىلحلا فصن ونصف
.ربمخلو تانوكملا ىوتسم ريغ في راز متوسطة ةمدقملا 3 قئاقد.

خفخد ضنلا رانلا ىلإ ةجود مفخضمة ، ثم ضيفب ةنبجلا ةيمرك ةدوجلاو يرافاهو.
حوك طيلخلا ىتح بوذي ةنبجلا ىلع محصلا ةصلاص ك نم ةج ةيمرك طافيلة.
.ملحلا بابلاو كملا قوحسمو ربصلا قوحسم موثلاو لفلفلل ىتح جزتمت ميدلا
ثم ، ميدلا جزتمت ىتح ءيسي ك لكب .قلابك ءانلإا. في ةنور كعملا قوف ىصلا ةصلاص بكسدُ
ةيمكف فصنذ شور ُي .ةروص 13 × 9 رخ قبط في سجلا ةنور كعملا جز م فصنذ بكسا
، سجلا رديشلا ةداحلا ملروماو لار ول ك يلو كاج قوف ةنور كعملا.سجلا دعب كلذ
.يتبتملا سجلاب اهقوف ه يعضو رخلا رزم قبط ىلإ سجلا ىلإ ةنور كعملا نم ي ابلا نيزأ
5 ةمدقملا اهيرك تلو نرفلا نم اهييج أخ .ةقيقد 30 ىلإ 25 ةمدقملا سجلاو ةنور كعملا يزخا
.ميدقتلا لبق قئاقد 10 ىلإ

مكونات

- 1 كوب كريمة خفيفة ثقيلة
- 1 كوب نصف
- 1/4 قطعة جبن موزاريلا مبشور
- ¼ كتلة جبن القشريش المبشور
- ¼ كتلة جبن الميل المبشور
- 1 أعواد زبدة
- 3 ملاعق كبيرة سكر
- ½ ملعقة صغيرة صفعة يا ماما
- 3 ملاعق كبيرة خودل
- نصف ملعقة صغيرة ثوم
- كيس 1 باوند من المعكرون الكبيرة

تعليمات

- يُغلى العامل على بتبل بملعقة كبيرة من الجلم. أضف المعكرون.
- اسلي المعكرون في العامل حتى تنضج ، ثم صفيها وأت كيرها جانباً.
- أضف جميع المكونات المتبقية في قدر كبير.
- يُطهى على نار على مدى تم توسطة لبضع دقائق.
- قلب باستمرار حتى لير يصبح ناعماً.
- يُسكب م جزء الجبن على فوق المعكرون ويُم حتى المزيج.
- ضع في طبق الطهي ، وزع الجبن المبشور فوقه ، وغطيه ، وضعيه في الفن واطبخ لمدة 25 دقيقة على حتى 375 جوة.
- قم بإزالة الغطاء والعودة إلى الفن لمدة 10 دقائق أخرى.
- ترهه قبل التقديم.
- إعتمتيد

82. فوشو خلاو خنابسلاد ىجلاو كام ىزخ

مكونات

- 6 علامة كبيرة قربة زدة محلمة جدة حرة قلى أغوف إضافة إلى المزيد لدهن
- علبة واحدة (1 طل) من الكمركون القصيرة ، مثل الكمركون
- 2 كوب حليب بكامل الدسم
- 1 بوق (8 أونصات) جبنة كريمة ، مكعبات
- 3 أكواب جبن شيدر مبشور
- ملح كوشر وفلفل مطحون طازج
- فلفل حار مطحون
- 2 كوب سبانخ طازجة ، مفرومة
- 1 بطمان (8 أونصات) خرشوف مبتل ، مصّفى ومفروم أمشن
- 1½ كوب بسكويت مطحون (حوالي 15 كم)
- نصف ملعقة صغيرة من مسحوق الثوم

الاتجاهات

g) سخني الفرن إلى 375 جوة هفة تهايتب. ادهن قبط قرخ 9 × 13 بوصة.
h) احرز 4 أكواب من الكلوب من العامل المملح لغيل على لى راز عالية. أضافًا في الحليب بالجلبن أضافي من حين من كم احتوكم مع طهيها قرة الكمركون لحوالي 5 دقائق أو طهيها حتى يذوب الجلبن وتصبح قرة الكمركون مصّفية ، حوالي 5 دقائق أخرى.
i) رفع القدر عن النار وقلبي 2 كوب من جبن الشيدر و 3 علامة كبيرة من لا زدة. أضافي السبانخ خلو فوش اذا شعرت أن تبتى الصلصة بالمحلم وللفلفل والحر في. ذكفيثة الدّجة ، أضف نصف كوب من الحليب أو العامل لتخفيفها.
j) انقلي الخليط إلى طبق الخبز المُجهز. ضع فوقها الكلوب الوب المتبتي من جبن الشيدر.
k) اخليطى البسكويت مع 3 علامة كبيرة من لا زدة ومسحوق الثوم. ىشئ الفتاتات يساوى على الكمركون وللجبن في وعاء متوسط ، واخلطى.
l) اخزن حتى تصبح الصلصة فقاعات وللفتاتات ذهبية ، حوالي 20 دقيقة. يتردير لغيره قم بختبز أين قبلايا طعام مكحم في مهرة وعاء مكحم الغلق لمدة 5 دقائق وقدمي. تصلح إلى 3 أيام.

الحصص: 6

وقت الطهي: 9 دقائق

أنا

NGREDIENTS :

2 كوب هريت قلا زبيط

1 أونصة جبنة أمريكي ، مقطعة إلى قطع

3/4 كوب حليب جوز الهند

1 كوب جبن شيدر مبشور

8 أوقية من المعكرونة

2 كوب روب البركيل

3 أكواب ب ماء

12 ملعقة صغيرة ملح

الاجتهاجات:

1- أضيف الماء والمعكرونة والقلب زبيط والبركيل والملح في وعاء الضغط. يحرك.

2. احكم إغلاق الوعاء بالغطاء واطبخه على نار عالية لمدة 4 دقائق.

3 حرر الضغط باستخدام ط طريقة الاحترار السريع بعد الادلاء من فتح الغطاء.

4. ضع وعاء الاحترار الفوري على وضع القلي. أضف الجبن ملأ كيربي وحليب جوز الهند. يقلب المزيج واطبخه لمدة 5 دقائق.

5. خدمة واستمتع.

التقديم: 4

مكونات

· 8 أونصات مكرونة من القمح الكامل
· نصف كوب جبنة مونتيري جاك مبشور
· 2 كوب ماء

الاتجاهات

1- ضعي المكرونة والماء في قدر الضغط. يُغلق الغطاء وتُطهى على مهل. ضعي عضو أزرار مقدمة. قمي بتحويل مؤشر الضغط لمدة 8 دقائق على لون حلى قمي بتفصية المكرونة. اجعي إلى حلة الضغط.

2- قلّبي الجبن وطهيه على نار عالية لمدة 30 ثانية حتى يذوب. اعلمه برش السلطانيات للتقديم.

مكونات

- 2 كوب حليب لوز
- 4 ملاعق كبيرة طحين
- 4 ملاعق كبيرة زبدة
- 2 طل.جن شيدر داح
- 1 طل معكرونة الكا عج

الاتجاهات

a) طبخ معكرونة الكا عج. استنزف جيدا

b) جن شيدر مبشور

c) تذوب الزبدة على نار متوسطة

d) أضف الدقيق لمعل الرو

e) أضف الجن المبشور إلى الحليب لمعل عجينة سميكة. حليب داقنٍ

f) أضف معكرونة إلى الجن

g) مزج الجن والمعكرونة. قمة المعكرونة وجلن.

h) اخبزي 350 د وجة فهة زهيا يات تحت يصبح لونها بنيا وشمابا

المكونات :

- 1 طل من معكرونة الكعك عع
- وش حلمة فلفل أسود
- 12 أونصة من الجبن ملء ريكي الأبيض
- 8 أونصات من جبنة الشيدر ، حاد غلاية
- 6 علاق كبرق. زدة غر ملحمة
- 6 علاق كبرق. من الدقيق الجميع أغلغ ضل
- 4 أكواب حليب كامل السدم
- 2 ، 8 أونصات علب من الطماطم والفلفل خلاصز ، مقطعة إلى مكعبات
- 1 ، 8 أونصة علبة فلفل أخزص ، خفيف
- كوب من أو أرق القز طازج مقطعة ومقشرة أنشخ
- 1 كوب من قائق التوبيلا ، مسحوق
- ½ علاق صغرق. من مسحوق الفلفل الحار

تعليمات

l) أولاً ، سخني الفرن إلى 425 دجة.

m) أثناء سخنن الفرن ، تُطهى معكرونة الكعك في قدر من عامل فقًا لإرشادات الموجودة على العبوق. طهي وجمد معكرونة ، صفيها وتاج هيكها بجانبًا.

n) في وعاء متوسط مجحم ، أيضًا ملء ملء ريكي وجن الشيدر. القليد المديج الخلط.

o) ضع فرن الهولندي كبرق على نار متوسطة. أضف لا زدة ومرة المحلمة. جمد وذوبان في نضعف الهولندي كبرق على نار متوسطة. أضف القديق. أيضًا حتى يتخفي حتى تصبح ناعمة وطهي لمدق 1 دقيقة. أيضًا القديق ، زدة لا وخافتي المزج. استمر في الطهي لمدق 8 دقائق أو حتى يصبح كُثيفًا وقلمه كصبية كُثيفًا.

p) أيضًا الطماطم والعلبة والفلفل الحار. طهي لمدق دقيقتن سخنن إيعادة من الثار.

q) أيضًا 4 أكواب من خليط الجبن وقلي المديج حتى يصبح ناعمًا في المَعزاج قسانتن.

r) أضف المعكرونة المطبوخة والكز قز. القلبُ المزج المديج وتُوبتِ مع لم حلمة فلفل وش أسود.

s) انقلي هذا المزج إلى طبق خرق كبرق مدهون بالزدة.

t) أيضًا قائق التوبيلا ، ومسحوق الفلفل الحار ، كوب الجبن المتبقي في وعاء صغر. قلي المزج المديج ورشُه فوق ورش معكرونة.

u) توضع في الفرن لختزن لمدق 12 إلى 15 دقيقة.

v) تُرفع وتُقدم مع مقبلات من الكز قز.

87. ريور جة ةنبجو ةنور كعم

صص‌ح 8 :لـعجيد

المكونات :

- 1 طـل من معمكرونة الكلا عج
- 3 أكواب جـبن جريور مبشوق
- 3 أكواب ذصف ونصف
- 4 صفار بيض كبير
- 3 ملاعق كبيرة. زدة غرة محلمة
- اندفاعة من الملح

تعليمات

(i) أولاً، اسخني الفرن إلى 325 دوجة.

(j) في عاء، اذسخن الفلن، ضع قدراً كبيراً من ملـلم العامل الممحلع إلى متوسطة إلى عالية. أثناء تسخين الفلن، ذوب العامل غير غليل. أضيف العامل المكرونة. أيضاً، عامل غيان عامل. طبخ حسب ما إرشادات اجلب العامل تحت اشطفه والمكرونة صنع ، جمب أن و تنضج. جمد على الجوودة العامل كبير. صفيها وضعيها في وعاء عاق. اجرو.

(k) أضف 2 و 2/3 كوب من جـبن Gruyere في الوعاء مع المكرونة المطبوخة. قلي الملز‌ج.

(l) استخدم وعاء صغر أو أضف نصف ونصف صفار البيض الكبير و 3 ملاعق. يُقلب الملـز‌ج بالذدة. اقلبي الملـز‌ج المَـيج وسكب المز‌ج فوق المكرونة كبير من الزدة المطبوخة.

(m) انقل هذا الخليط إلى طبق خرز كبير. غطيها بطبقة رقائق من الألومينيوم.

(n) توضع في الفرن لتخزن لمدة 30 دقيقة. بعد هذا الوقت أخذ جيح طبق المكرونة من الفلن. يرش Gruyere المتبقيي على المقلة.

(o) ضعيها م ق في الفلن لتخزن مدة أخرى في إلى 25 دقيقة أو حتى تصبح السطح ذهبيًا.

(p) أخي جوهيها وقدميها على الفرو.

88. ‏جاجدلاب ةنبجو ةنور كعم

المكونات :

- 3 علاق كبيرة. زبدة غير مملحة
- 1 ملعقة صغيرة ملح البحر
- رشة من الفلفل الأسود والملح
- نصف طن طري من بساتما يريني
- 1 ملعقة كبيرة. زيت الزيتون البكر الممتاز
- 1 بصلة صغيرة مقطعة ناعما
- 1 كوب جبن موريلا مخدن وبشور
- 1 1/2 كوب دجاج مشوي مطبخ وخبيط ومقطع
- 1 كوب جبن بارميجيانو ريجيانو وبشور
- 1 ملعقة كبيرة. من إكليل الجبل الطازج مفروم روم خشنة
- 3 علاق كبيرة. من الدقيق لجميع الأغراض
- 2 1/2 كوب حليب بكامل الدسم
- 2 فص ثوم

تعليمات

k) أولاً، سخن الفرن إلى 450 د جة. أثناء تسخين الفرن، ادهن طبق خزر كبير بالزبدة.

l) ضع قطعة كبيرة من المملح على مقدار ملعقة إلى متوسطة على نار متوسطة إلى عالية. وجمد و غليان الماء. أضف الملح ثم طهيه حتى 11 مقدمة أو حتى تنضج المعكرونة. م و واحدة أضف معكرونة رينية. صفّ المعكرونة وتسكب بتحت ماء بارد هو. صفى المعكرونة م خأ و م ة وضعيها في وعاء كبير.

m) ضع ملاقة متوسطة على نار متوسطة. أضيف زيت الزيتون وجمد أن بصبح 10 مقدمة ثم يطهيه. أضف البصل شرائح وروة حلمة البحر. أضيف أيضا سخان بدء جو فاكية، أضاف البصل إلى المعكرونة والقوت حتى يصبح البصل طرية وهنيئا. حتى يصبح البصل لين أو حتى دقائق الملح.

n) أضيف جبنة الموريلا والدجاج المشوي وثلثي كوب من البيان من جن والكيل. الجبة الطازج في وعاء المعكرونة والبصل. قلبي الملح.

o) أضف. استخدم قدر متوسط الحجم وضعيه على نار خفيفة إلى متوسطة. أضف و اخفته لمدة 3 دقائق أو حتى يذوبان الزبد، أضف الدقيق متعددة الأغراض. حتى تصبح ناعمة. ثم أضيفي الحليب مسلوب ومتساوي في الخفق حتى تختلط.

p) أضيفي فصوص الثوم و 1 ملعقة صغيرة. من ملح البحر. واخلطي الزبدة على نار حتى يصبح المزيج كثيف كالقوام. قلي فصوص الثوم أيضًا وأضيفي حلا حتى إلى جودة منخفضة ومتساوي في رمتار الطحين. ثم أضيفي على نار حتى يذبح المزيج إلى الصلصة المعكرونة.

q) تبدل مع اندفاعة من الفلفل. قلي المعكرونة لتغليفها.

r) انقلي المزيج إلى طبق الخزن المدهون بالزبدة.

s) رشي طبق جبن البارميزان على الوجه و زيني من الأبيلي ويقلدي الهيليم من الفلفل.

t) ضعي في الفرن لتخزن لمدة 12 إلى 15 دقيقة أو حتى يصبح لونها هذبيأ. أولها اتركه لمدة 15 دقيقة قبل التقديم.

89. كارت الاحلم ولعمكر نورة الملختت قمر

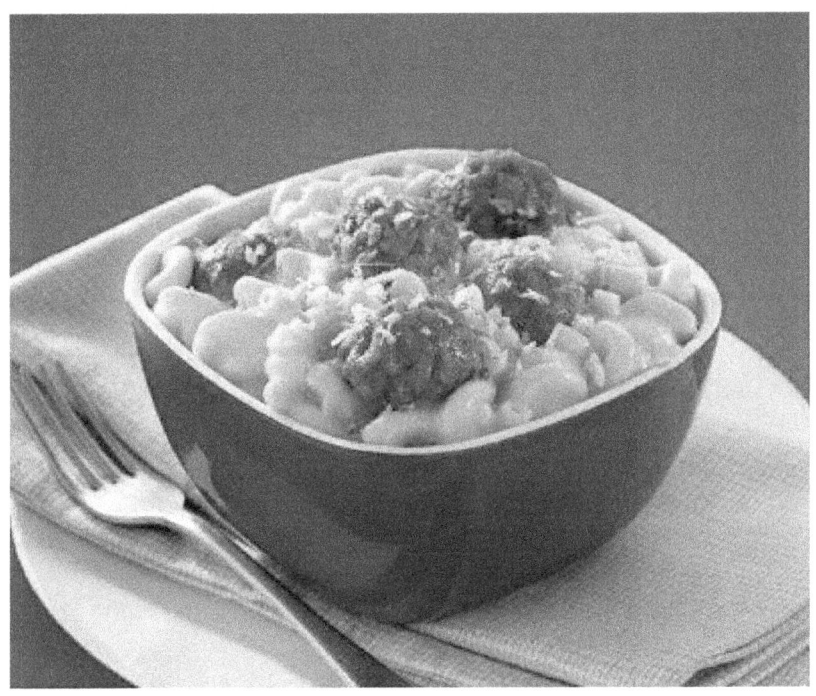

المكونات

- 1 بصلة مقطّعة ناعماً
- 1 كوب ك فوس مقطع
- 2 جزر بصقا بطاليق التي تريدها ، حتى 3
- 2 ملاعق طعام من هريس الطماطم
- 3 أكواب ماء
- ملح
- الفلفل
- وقوة الغار
- 2 ملعقة كبيرة زيت تصل إلى 3
- 1 طبل محلم مفروم (الأفضل تكميا)
- 1 شيرة شاشلا منقوعة ؛ مجففة وهمروسة
- 3 بيضات
- بعض الطحين

الاجتهات:

a) المرق: في قدر كبير نخسين الزيت ثم يضاف البصل والكفوس والجزر وجعون المطامطم والتبلو وترك على نار هاد. في غضون ذلك نضون برضحة ت ترك المحلم. نضعه على نار لترك وتشكل ح لول إلى محلم.

b) ثم يُطهى على حرارة منخفضة دقيقة 40 على نار منخفضة. أضف ك ترك المحلم على حد من صحوك. نغمس 12-14 دقيقة في مغس. ثم هعضون في المرق ح ستحتاجها كفافية ، سائل كافية.

c) قم بغلي 250-400 (½ بـ واحد) من المعكرونة من القلص شرصة المدة من القوت المواحي حتى 20-30 المدة نزخة .به.

90. رغيف لحم مع روكتة وجبنة

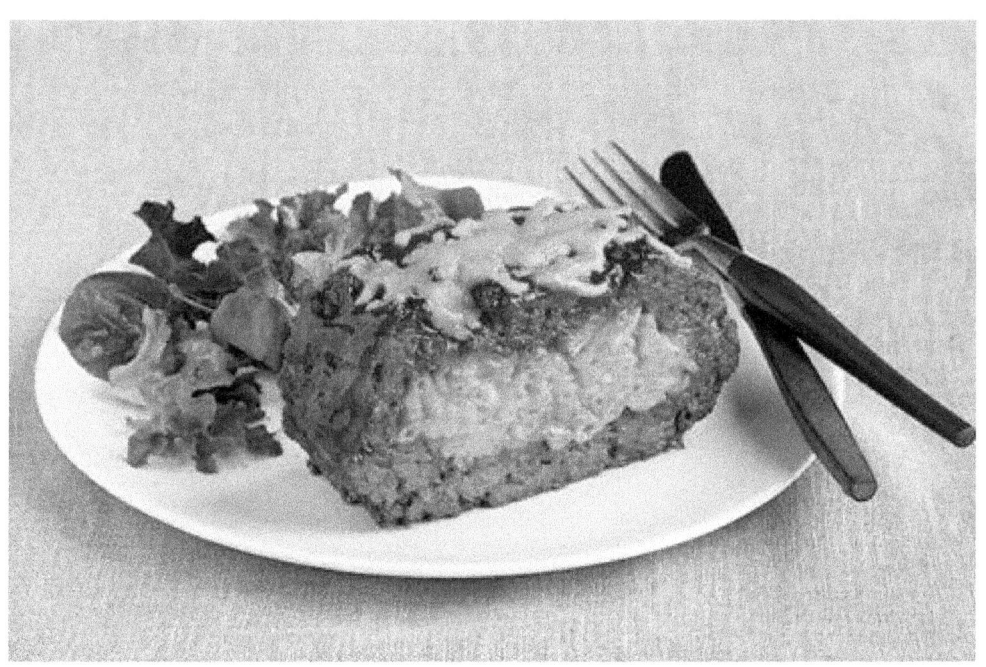

مكونات:

- 4 أنصاص معكرونة مطبوخة
- 1 جنيه هام رغر
- كوب بقسماط ط يوي
- ذصف كوب حليب
- 2 ضيضة مخفوقة قليلاً
- كوب بصل مقطع
- 2 ملاعق كبيرة فلفل أخزر مفروم
- وكوب جنبن شيدر مبشور
- 1 ملعقة صغيرة ملح
- ذصف ملعقة صغيرة فلفل

تعليمات

a) تُطهى المعكرونة حسب التعليمات الموجودة على العبوق.
b) يسخن الفرن إلى 350 د وجة فهر يهايت.
c) اخلطي المعكرونة والهام رغر وفتات الخبز والحليب والبصل والفلفل
 أخرضر والجلن والملح والفلفل معًا. كشكل في غ يف.
d) تخزبن لمدة 1 ساعة.

91. معكرونة بصلصة كريمة الاحم

مكونات

- 1 علبة (16 أونصة) معكرونة كي ع
- 1/2 كوب كريمة حامضة
- 1 طل لحم مفروم
- 1/2 كوب سييدوت

الاجتاهات

a) الاقدر كبير من العمل على تعيني تسخين على نار متوسطة إلى عالية وطبخ المحلم قبلي في مقلاة كبيرة، حتى يحتدي لون هلون إلى حني صبكي من الدهون.

b) المدق 5-7 دقائق أو حتى يحتدي لون هلون إلى حني صبكي من الدهون.

c) أضيني الكريمة والبسيت وقلبي حتى تتمزج المكونات.

d) اطبخي حتى يدسخن تمامًا.

e) قلبي المعكرونة وقدميها على الفور.

مكونات

- معكرونة من اختيارك
- 3 أكواب فلو طازجة أو مجمدة
- 1 كوب زبادي يوناني عادي أو كريمة حامضة أو زبادي يوناني دسم
- السكر حسب الرغبة

الاتجاهات

a) اتبع تعليمات العبوة لصنع المعكرونة التي اخترتها.

b) اغسل أو قشّر السيقان من الفلو. قطّع بعض الفلو لتوضع فوق البطاطق.

c) امزج ما تبقى من الفلو والقشدة أو الزبادي والسكر ، اخلط في الخلاط وحتى الفانيليا.

d) إذا تكنت ترغب في الحصول على الفلو كشرائح أو كة ، صلصة مركزة ، مع إعطاء الفلو أكثر قرخاً لحمل عصير مختار بالخلاط ما وجه على دفعات.

e) قلبي المعكرونة المطبوخة مع صلصة الفلو. إنه لذيذ ساخن أو بارد.

93. ويستيتساد

مكوناتت

3 أكواب مطبوخة أو 2 (15.5 أونصة) من اللحم ، مصفاة ومغسولة
• 12 أوقية معكرونة الكال مع
• 1 ملعقة زيت زيتون
1 بصلة متوسطة الحجم مفرومة
2 فص ثوم مفروم
• 1 بعوب (10 أونصات) سبانخ مجمدة ومذابة
• 12 ملعقة صغيرة من لا الزعتر المجفف
- 1/2 ملعقة صغيرة ق وفة مطحونة
- 1/2 ملعقة صغيرة ذنعنع مجفف
- 14 كوب ذنيد أينيا ضيا جاف
كوبان من صلصة من المارينا لا محلية الصنع (أنظر صلصة المارينا لا) أو مشترتقة من
المتجر
2 علاق كبيرة بقدونس مفروم طاخ
• حلم وفلفل أسود مطحون طا اجزأ
2 كوب صلصة ذبابتية ديضاعا
• 12 كوب صنوبر مفروم

الاتجاهاتت

.أبناج لكرّتو نشخ لكشب عطقتي ت ح صمحلا قفخيُ ، ماعطلا صزحم في عم ، ةيلاع ةطسوتم راز ليى عة نوركعملا ةهيطُ ، حلمملا ليغملا عاملا من ردق في اهرك تا و اديج اهفيفجتب مق .قئاقد 8 ةدمل ، جضنت تى ح ، رخآ ىح نم لكم اكىحتلا ليلقبل ةصوب 13 × 9 نرخ قبطت تنيزُ .تيايهزُ هف ةجو د 375 لى إن رُفلا نيخسن .ابناج .اًبناج عضوتو تنزلا نم

ى طيُو طيّغيُ لصبلا فاضيُ .ةطسوتم راز لىى عتنيزلا نيخسن ، قربك ةلاقم في ، وناغيرولأو ، مورفملا صمحلاو ، خنابسلا فاضيُ .نىلدي تى ح ةبىرقت قئاقد 5 ةدمل مىيضأ .قئاقد 3 ةدمل ، افُوشكم ، ةفيفخ راز لىى عكرّتُو ، نيينلاو ، عنعنلاو ، ةفوقلاو ةفيفخ راز لىى عهيطُ .ةبغ لا مبسح لفلفلاو حلمملا سنودقملاو مطامطلا ةصلاص .تاهكنلا طلخل قئاقد 10 ةدمل

ةصلاص اهقوف نهدتُو مّعملا نرخلا قبط في ةخوبطملا ةنوركعملا ةيمك فصن عّوزُ ةنوركعملا عيزو صمحلاو مطامطلا ةصلاص ىلع اتسابلا عيزو .صمحلاو مطامطلا .ربونصلا شرت .اضيبلا ةصلاصلاب

قئاقد 10 ةدمل نرخلا عاطغلا فشكا .ةقيقد 30 ةدمل نرخلا نخيُو ريدصقلا قروب طيّغيُ .ميدقتلا لبق قئاقد 10 ةدمل ةفغلا ةجو لى ح ةجو د في هيركتا .لوطأ

ىوَلَد

مكونات:

18 أوقية معكرونة
3 أونصات جبن جودة
18 أوقية لحم مفروم
1 بصلة
1 علبة طماطم مهرومة روسة صغيرة
1 علبة صلصة بيضاء

تعليمات

1- قلي اللحم مع البصل في الفرن هو سرطماطم 2- .اخبط النودلز حسب التعليمات. 3- ادهني مقلاة السوفيليه .اضف اللحم والفلفل للمذاق. حتى تتفتت مقلاة في بكسلو تعليمات حسب الصلصة اصنع 4- .اللحم والمعكرونة من يدير جزء م وفقها. 5. طهيها في فرن 200 دوجة مئوية لمدة 30 دقيقة.

تاانوكم

زيشت دنا كام سكوب 1
ةليقث ةميرك بوك 1
مسدلا لماك بيلح بوك 1
ركس بوك 1/2
ايليناف ةريغص ةقعلم 1

في .ةبلعلا ىلع ةدوجوملا تاميلعتلل اقَفو ىجلو ةنوركعملا ىهطب مق **تاميلعتلا**
ةصلاخو ركسلاو مسدلا لماك بيلح مامك ةليقثلا ةميركلا طيلخا لخدا ، لصفنم ءاعو
ركسلا بوذي ىتح ةرخآ خلّ تقو نم لكب ًحتلا عم ةطسوتم ةرمتساذ ىلع اهينخس ايلينافلا
نع هدعبأ .ةَيديج جزتمت ىتح يلقَم ردقلا ىلإ ةخوبطملا ىجلو ةنوركعملا ةميضأ نِ
تاميلعتلا اقَفو قفخُو ميب ركسيدلآا ةنصع ةلآ ىف جيزملا بكسُا .هريهعدو قل حلا
.ةعناصلا ةكرش لا

تـانوكم

1 سكوب كام دنا تشيز
4 أكواب مكعبات خبز عمراه موي
4 بيضات
2 كوب بيلح لماك الدسم
1/2 كوب سكر
1 ملعقة صغيرة فانيليا

التعليمات قم بطهي المعكرون ةلجلو ةنور وفقًا للتعليمات الموجودة ع ىلع العلبة. في التعليمات اخفيّم البيض ضولحلبكام لسدسم ولسكر ص لختسمو الفانيليا معًا وعو انفصمل ، اخفّيم البيض ضولحلبكام لسدسم ولجنى إلى ان ووحّ كوُحّ لملزجى حتى وعاو لبع اخيزها. أخلاازخبعكماكلام ولجنى المطبوخون إلى طبق خزخ 9x13 بوصة مدهون بالزبدة. تيدناجس سكعبم الخزج في طبق خزخ حتى يصبح السطحذينأبيهذّ أو حوالي 45-50 دقيقة، تزهيهايتلمدقة 350 فهة جرة دزركملا

97. بنرشتة دانا كام كيك كيك بنرشتة

تانوكم

زيشت دنا كام سكوب 1
يرط يميرك نبج بوك 2
ركس بوك 1
تاضيب 4
ايلينﺎف ةريغص ةقعلم 1

في .ةبلعلا ىلع ةدوجوملا تاميلعتلا قَفو ىجلوﻭ ةنوركعملا يهطبِ مق **تاميلعتلا**
ﻲنيضأ اﻤُعاﺫ جِ-ﺰﺠﻟﺍ حبصيﺫ ىتح اﻤَعمرﻛسلﻭ ةميركلا ﺞﺟ ميتفخا ، لِﺺفنﻣ ﻉاﻭﻭ
ﺔﺧﻮﺒﻄﻣﻟﺍ ةنوركعملا ﻲنيضأ .ةﻓاﺿﺇ لِكدﻌﺑ ميِﺪَﺠ ميتفخاﻭ ،رﺧﻵﺍﻭ ﻝﺬﺣﻣﻟﺍ ﺾﻴﺑﻟﺍ
ﺍﻫﺰﻴﺟﺧﺍ .ﻚﻟﺮﻟ لاﺑ ﻥﻭﻫﺪﻣ ﺶﻧﺇ 9 ﺭﺪﻗ في ﺞِ-ﺰﺤﻟﺍ بﻜﺴﺑ ﺍ ﻲﻠﻴﻨﺎﻔﻟﺍ ﺔﺤﻼﺧﻭ ﻯﺠﻟﻭ
ﺰﻛﺮﻤﻟﺍ ﻚﺳﺎﻤﺘﻳ ﻰﺘﺣ ﻭﺃ ، ﺔﻘﻴﻗﺩ 45-50 ﺓﺪﻤﻟ ﺖﻳﺎﻫﺯ ﻩﻓ 350 ﺓﺟﺭﺩ ﻰﻠﻋ

98. زيدنولدبنزشثدنا لكام

مكونات

1 كوب مكا دنا تشيز
1/2 كوب زبدة غير محلمة ذائبة
1 كوب سكر بني
2 بيض
1 ملعقة صغيرة فانيليا
1 كوب دقيق جميع الأغراض
1/2 ملعقة صغيرة ملح
1/2 كوب رقائق شوكولاتة بيضاء

تعليمات

، مل صفنم عاو في .ةبلعلا ىلع ةنوهدملا تاميلعتلا بسح ىجلجلو ةنوركعملا جنبط اخفتيم ال ةدزي ةلدملاب ةماعً مع ينبلارابكسلاو ناييبض مختسلا ليانيالفاخو مهيفقفخم ح ةديصبح ملا جزـهز ماعً نيضأ اليكعملا ةنور جلجىن اضيف .خوطبملا ىجلجلو قيقدلا فاضيو حتبلقو .سناجتي ح يضأ ينه قئاق شلا لو ةلتلاو ةبيضايا .ُدكسب ملا جزـ في قبطت مزز 9x13 ةصوب نوهدم زيخت .ةدبزلاب ةرارح ةجرد يف زيخت. ةدرج 350 هف زهايت ادمقة 25- 30 ةقيقد ، تح متي لاخدا دوع نانسأ يف زكرملا ويخرج نظيفًا. اهعد تيرد لبق .تاورم ىلإ اهعيطقت.

مكوناتك:

- 1 كوب كريمة ثقيلة
- 1 1/2 كوب حليب كامل الدسم
- 4 فصوص كاملة
- 1 رشة جوزة الطيب
- 2 ملعاق صغيرة من القرفة ، بالإضافة إلى المزيد للرش
- 3 ملعاق كبيرة سكر بالإضافة إلى المزيد للرش
- 1/8 ملعقة صغيرة من خلاصة الفانيليا
- 1 علبة باستا ، شكل من اختيارك
- 1/3 كوب دقيق جميع الأغراض
- 1/3 كوب زبدة غير مملحة
- رشة ملح وشر
- علبة مساك الروين (8 أونصات)
- كومبوت بري
- كريمة مخفوقة
- مثلجات الفانيليا

سخن الفرن إلى 375 د. وجهة هفة بزياهت.
يُحمّج الكريمة والحليب بالحليب والتلبو والسكر والفانيليا في قدر رغصر ، وُسخن على ىار حتى تنقع النكهات ، لحوالي 10 دقائق.
جلب وعاء من الماء المملح غليلي. طهي المعكرونة لمدة قيقتين أقل من الوقت
الطهي المبين على العبوة. قم بتصفيته ، وقم بتشغيله بالماء البارد والخلل فاقيها الطهي.
يُمح جح الزبدة والدقيق وطهيه لمعل لا روج مجدة أن يجتمع
في قدر متوسط الحجم ، وحتئها في البلين النون إلى الحلوح في قدر لا أبدت حتى الطهي في استمرار ، ولا
عندما يضيج لا روج ، أيضين خليط الحليب على دفعات من خلال مصفاة أثناء الخلف لا.
استمر في إضافة الطهيه والخلف حتى تكتثاك الصلصة بدعه لآلا.
أطفئ النار قلي المساك الروين. أيضين المعكرونة حتى تمتزج.
انقل الملح إجر إلى قطبق خلالق بزبحمم 9 × 13 ، ووزرئ السطح بدقلي من القلو في غة الكسر
واخبزيه * لمدة 20-15 دقيقة ، حتى يغدلي.
تقدم مع كومبوت التوت الطاخ ، الكريمة المخفوقة و/ أو آيس كريم الفانيليا

مكوناتك:

- 3 ملاعق كبيرة سكر
- 1 حبة فانيليا
- 100 جرام مكرونة
- 200 مل حليب كامل الدسم
- 3 صفار بيض
- 1 ملعقة كبيرة سكر
- 100 جرام جبن شيدر مبشور
- 1 تفاحة برملي
- 50 جرام فتات بريوش

تعليمات

اخلطي قطع السكر من كريبق علاعق كبيرة 3 من السكر وأضيفي عامل من متوسط قدر مترمتو خسني حتى عندما يغلي. أضيفي القشر البندور وأضيفي إلى نصف الكبسولا. أضيفي مع صفد إلى نصفه اصنعه وأطي بقلبه نطه حتى دقائق 8 لمدة نضجت تماما. خفتي صفار البيض مع ضيب اخفتي صفار البيض مع الحليب، والفانيليا قلن. نو الصنف من متبين المذبور والفانيليا مع الصنف خسني الحليب مع بيطع فوق الحليب السخان من الفخق متساب رل. ملعقةكبيرة من السكر، ثم اسكبي بيطع فوق الحليب. اسكبُ الخليط الجزءمن قوى أخرى في القدر وقلبي على حتى متوستطة نار حتى تكثافكُ. انار واضفي الزبان جبن المبشور قلبها حتى تذوب تماما. ضع مع المكرونة نوره المطبوخة في الصلصة والخلطها المَّديج.

اسخن الشولي ضع إلى نصفه ثم قطعيها إلى شرائح بحجم 2 مم. اسخن مقلاة وضع إلى شرائحها. أطبعيها وبه على إسراحتفاح وبلو درجة حرارة قل على عالية.

كمل من خطيط الليلق ضعي حلو، ضع حلة المقاوم الصغيرة بالطابق أو الأطباق لا يكمز أبيزنا في زبد المواهقه وضع ثم النيئة، شرائح من التفاح طبقة قي يأتوبي فضةتها على تشلزملء الجبن من للقليلو شويري لا فتات من طبقة ضيفي أيضا نهايها، في كن. كما نبجة من المبشور.

اشه الجلن الزخ حتى يصبح الخلين، حتى دقيقة أو دقيقة لمدة الشولي تحت لا يكمن ضعي حتى تبهيا خدم.

خاتمة

كذتها. الدَّبأ نفد ولن تايكيسلاكلا نم سجلو ةنور كعملا رتعت، ماتخلا في
سواء. لايطلأ ملاعلا لوح خباطملا في ايساسأ ارصر نع هنم تلعج ةيضر ملاو ةطيسبلا
نم رخبة عاوه ةيذاج ركني دحأ لاف، قودنص نم أو عنصلا نم يلحم هلضفتذ تذك
مق، ةحورم ةبجو لى إل اهيف جاتحت يتلا ةمداقلا ق ملا في لك لذل. سجلو ةنور كعملا
.ينبجلو فادلا ماعطلا قوذتو سجلو ةنور كعملا نم ةعفد بزهجتب